지방 자치가 미래다

지방 자치가 미래다

신언근 지음

모아북스
MOABOOKS

(추천사)

이낙연 제 45대 국무총리

공공성과 효율성의 조화는 필요하지만 쉽지 않은 주제입니다. 신언근 전 의원님은 그런 지혜를 갖고 계십니다. 기업을 성공적으로 경영하셨고, 서울시의원으로서 역시 성공적으로 일하신 경험이 신 의원님의 그런 지혜를 길러 준 것으로 보입니다.

필자께서는 주민들께 도움이 되는 일이라면 성과를 만들어 내십니다. 모두가 힘들다고 하는 일도 포기하지 않고 부딪히십니다. 서울시의원으로서 이뤄내신 신림선 경전철 조기착공, 289 차고지 이전, 도림천 저류조, 신림동 뉴타운 사업 진전 등이 그의 역량을 말해줍니다.

신언근의 리더십은 서울시의 자치 역량강화에도 크게 기여했습니다. 또 서울시 산하 5개 기관장에 대한 인사청문회 실시와 지방의회 정책지원관제도 도입을 위해서도 애쓰셨습니다. 서울시가 더욱 깨끗하고, 유능한 행정을 펼치게 된 데는 필자의 그런 노력도 작용했습니다.

〈지방 자치가 미래다〉라는 책에는 관악구와 지방자치에 대한 필자의 애정과 생각이 담겼습니다. 이 책은 현실의 문제를 분석하고, 앞으로 나아갈 방향을 제시합니다. 지방정부 발전이 곧 나라 발전인 시대가 됐음을 설명하면서, 이런 시대에 지방정부가 해야 할 과제를 드러냅니다.

30여 년 만에 처음으로 전면 개정된 '지방자치법' 이 시행됐습니다. 그런 자치분권 2.0시대에 맞춰 이 책이 시의적절 하게 나왔습니다. 자치분권과 균형발전을 위해 소중한 참고가 될 것이라고 기대합니다.

저자는 지역에서 주민자치 확산을 통한 민주주의 발전에 오랫동안 매진해 왔습니다. 깊이 있는 자치이론과 탄탄한 현장경험은 저자의 정치역량을 가늠케 할 지표입니다. 책에서 보여주는 혜안과 탁견을 통해 주민들을 위한 저자의 큰 역할을 다시 한 번 기대하게 됩니다.

우상호 더불어민주당 국회의원

지방소멸이 우려되는 시대라 그 어느 시기보다 지방차지의 중요성이 부각되고 있습니다. 그래서 지방차지를 준비하는 분들에게 필독을 권하고 싶습니다. 많은 정치인들이 공감할 수 있는 풍부한 내용이 들어 있습니다.

정태호 더불어민주당 국회의원

시민참여 없는 민주주의는 없다. 그리고 의미 있는 시민참여는 지방자치를 통해서 이루어진다. 따라서 지방자치는 한국 민주주의 발전의 척도이자 본체이다. 지방자치가 미래라는 한 정치인의 용기 있는 주장이 보다 많은 사람들과 공유될 수 있기를 기대한다.

최흥석 고려대 정경대학 행정학 교수, 제31대 대학원장 누구보다 우리 지역과 주민들을 사랑하는 정치인이에요. 지난번 서울시의원일 때는 물론이고 아닐 때도 한결같아요. 소탈하니 호방한 분으로만 알았는데 이런 좋은 책을 썼다니 다시 봤어요. 식견까지 겸비한 이런 분이 우리 지역 일꾼이 되면 얼마나 좋겠어요.

송기춘 신원시장 장터순대국 사장

만나면 늘 서민 가계경제에 대하여 걱정 해 주시고 지역경제 활성화와 지역개발에 대하여 고민하시던 모습. 주민들의 작은 목소리 하나 흘려듣지 않고 가슴에 담아 진심으로 다가오는 소탈한 성품이시기에 지방자치에 관한 책도 출간하실 수 있는 분이라는 생각이 들고 앞으로의 활약상에 기대가 큽니다.

장정순 주부

지방화가 곧 세계화,
지방정치의 새로운 모색

경제의 세계화가 급속하게 진행되어, 진즉에 지구는 사실상 자본주의 체제로 묶인 하나의 경제공동체가 되었다고 해도 과언이 아니다. 그런 가운데 문화에서도 외국 것을 모방하는 것이 세계화인 줄 잘못 알고 외국 것을 선망하던 때가 있었다. 그러다가 "우리 것이 가장 세계적인 것"이라는 깨달음에 이른 뒤로는 우리 문화를 보존하고 알려 세계화하는 일에 더욱 적극적으로 나서게 되었다.

이처럼 어느 나라를 막론하고 경제는 세계화의 소용돌이로 수렴되었지만, 정치는 세계적으로 지방분권과 자치의 길로 가고 있는 추세다. 국가의 중앙정부만으로는 세계화된 경제에 대응하기가 더욱 힘들어진 배경이 작용한 현상이기도 하다. 경제의 세계화에 대응하는 가장 유용한 전략 중의 하나가 정치의 지방분권화라는 사실은 많은 것을 시사한다. 거기에 바로 지방 소멸을 막는 방법이

들어 있기도 하다.

나는 야인으로 지낸 지난 4년간 지방정치에 대해 폭넓게 들여다보고 깊이 성찰하려고 노력했다. 그런 과정에서 방대한 자료와 사례를 접하면서 지방정치에 대해 그전과는 또 다른 안목으로 새로운 모색을 하게 되었다.

이제 지자체도 세계로 눈을 돌려야 할 때다. 이미 그런 지자체도 꽤 있다. 직접 자기 책임과 주도로 지역의 고유한 산물과 문화를 개발하여 국제 경쟁에 나서야 한다. 그러려면 지금까지와는 발상이 다른 지역발전 장기계획을 수립하여 경쟁력 있는 산업과 문화를 적극 육성하는 한편으로 외국 자치단체와의 교류협력체제에 맞게 조직과 인사 및 재정의 대대적인 개혁을 추진해야 한다.

바야흐로 지방의 경쟁력이 곧 국가 경쟁력이 되는 지방화 시대다. 지방분권이나 지방의 자주적인 활동은 중앙에 대한 도전이 아니라, 새로운 차원의 중앙과 지방의 협력이다. 지방자치는 무한 경쟁시대에서 국가 경쟁력 향상을 위한 새로운 분업이며, 국가 발전전략의 핵심이다.

이제 지자체는 글로벌 무한 경쟁의 주체로 나서야 하며, 기본 틀은 지방화로 세계화를 추구하는 것이다. 지방화를 특화하지 않으면, 지방은 세계화의 파고에 흔적도 없이 휩쓸리고 말 것이다. 그러기 전에 고도의 지방화로 세계화를 구현하는 것만이 살 길이다. 따라서 지자체가 추구해야 할 과제는 세계화와 지방화를 동시에 실현하는 일이다. 이와 관련하여 많은 국민은 중앙정부의 규모와 권한을 줄이고 지방의 역할을 강화해야 한다는 데 의견을 같이하고 있다. 지방의 가치가 중앙의 규범과 판단 기준만으로 무시당하지 않고 당당히 세계 속에서 인정받을 수 있는 지방자치와 지방분권이 우리가 추구하고자 하는 비전이다.

4년 전, 서울시의회 재선의원을 끝으로 지방선거에서 관악구청장에 출마했지만, 예비후보로 그쳐야 했다. 그때 나는 출마 기자회

견에서 구정을 이끌 3대 기조를 발표하고 향후 5대 공약과 10대 목표를 발표했는데, 4년이 지난 지금은 그 공약과 목표를 상당부분 수정하게 되었다. 그만큼 세상이 빠르게 변한 데다가 지방자치에 대한 인식과 지방자치에 거는 기대가 부쩍 커졌기 때문이다.

관악구를 탈바꿈시킬 새로운 비전으로 제시한 3대 기조는 광범위한 벤처타운 조성으로 첨단도시 구현하기, 미래 도시로의 발전을 위한 계획 수립과 실행, 미래의 먹거리가 될 우수한 지식문화의 창조적 변화 일으키기가 그 뼈대인데, 여기에 세부 계획만 바꾸고 더 다듬으면 세계화로 갈 수 있는 동기와 역량이 충분할 것으로 보인다.

내가 정치에 뜻을 둔 이유는 "정치는 사회적 약자의 무기"라는 믿음 때문이었다. 지금도 그 생각에는 변함이 없고, 이 책에도 그 생각이 바탕에 깔려 있다. 정치에 관한 나의 생각과 포부를 알리는 책이기도 하지만, 지방정치인이라면 누구라도 도움이 될 나름의 식견을 담았다. 특히 지자체장의 책무와 역할 그리고 리더십에 많은 면을 할애하여, 효과적으로 활용할 수 있도록 했다.

이 책이 아무쪼록 지방정치에 몸담고 있거나 지방정치에 뜻이 있는 분에게 미력하나마 길잡이가 되기를 소망한다.

신언근

이 책은 지방화가 곧 세계화인 시대에 지방정치의 새로운 모색을 추구하는 내용으로 모두 6개 장, 30개 꼭지로 구성되어 있다.

[1장: 또 하나의 벽을 넘어]에서는 사업가에서 정치인으로 변신한 나의 역정을 기술하고 "나는 정치인" 임을 선언한다. 늘 '양심의 칼날 위에 선 정치' 판에서 나는 어떤 태도로 정치를 해왔는지, 또 그 시간들을 어떤 희망으로 달려왔는지 말한다. 그리고 덧붙여 왜 "상식이 통하는 세상" 을 꿈꿔왔는지를 밝힌다.

[2장: 나에게 정치란 무엇인가]에서는 정치는 어떻게 하면 달라지는지 알아보고, 정치를 욕하려면 알고나 하자는 메시지를 전한

다. 이어 '변하지 않는 지방정치의 한계' 를 말하고, 지방정치에서 지역주민을 위한 정책 발굴이 우선이라는 점을 강조한다. 그리고 이어서 실천 가능하고 현실에 맞는 정책 구상을 제시한다.

[3장: 앞서가는 정책, 찾아가는 정책]에서는 정치인의 가장 중요한 경쟁력은 청렴임을 제시한다. 그리고 고정관념을 버리고 발상 전환을 해야 하는 이유, 상대를 인정하는 정치, 상생을 추구하는 정책에 대해 말한다. 또, 힘없는 다수의 목소리를 대변하는 것이 정치라는 사실을 상기시키며, 양비론은 중립이 아님을 천명한다.

[4장: 우리 동네 관악구, 현실과 비전]에서는 관악구의 현실을 적시하고, 현실에 비춰 미래 비전을 제시한다.

[5장: 지방자치단체장의 모든 것]에서는 지방자치단체장의 지위 및 권한, 지방자치단체장의 영향력, 지방자치단체장의 자질, 지자체장의 관계 설정과 주민이 바라는 역할, 지자체장이 갖춰야 할 리더십, 풀뿌리 민주주의 정착을 위한 제언, 주민이 만족하는 살기 좋은 지자체 만들기, 주민복지 최우선, 주민자치 실현의 좋은 사례에 대해 상세히 기술한다. 그리고 끝으로 왜 지역이 살아야

나라가 사는지 말한다.

[6장: 지방자치, 이대로 둘 것인가]에서는 지방자치에 관해 헌법부터 시대정신에 맞도록 바꿔야 하는 현실을 적시한다. 이어서 왜 지방분권은 재정분권부터 해야 하는지를 설명하고, 좀 더 효율적인 의정 활동, 지방자치의 현실과 새로운 시각, 지방자치와 민주주의, 진정한 지방자치 실현에 대한 의지, 지방자치법 개정과 지방자치의 미래에 대해 기술한다. 그리고 지방자치 시대를 열기까지의 과정, 기초 지방선거 정당 공천에 관한 제언을 설명한다.

| 차례 |

─┤ 1장 ├─
또 하나의 벽을 넘어

또 하나의 벽을 넘어

일선에서 물러난 뒤 4년이 흘렀지만, 그동안 나는 오히려 정치인으로서
성숙해졌고 정치적 자산도 풍부해졌다. 일선에서 뛸 때는 바빠서 보지 못했거나
듣지 못했거나 생각지 못한 것을 차분히 돌아보고 챙길 수 있던 덕분이다.
나는 올해 있을 지방선거에서는 새로워진 마음가짐으도로
주민들과 만날 것이다.

01

변신은 무죄

정치를 하기 전에 나는 사업가였다.

1980년대 중반 신혼시절에, 젊은 패기 하나 믿고 사업을 시작했다. 큰 자본금과 경험도 없이 시작한 사업이라 시작한 지 2년도 채 되지 않아 힘없이 무너지고 말았다. 그러고 보니 집도 절도 없이 수중에 전 재산 16만 원이 남았다.

하는 수 없이 아내와 아이는 처가살이를 할 수밖에 없었지만 나는 절망하지도 포기하지도 않았다. 재기를 위해 이를 악물고 닥치는 대로 일을 했고 그렇게 하다 보니 하루에 세 가지, 즉 쓰리 잡을 하게 되었다.

밤늦게 일이 끝나면 온기 없는 창고 같은 시멘트 바닥에서 잠을 자야 했고, 너무 추워서 빨리 새벽이 오기를 기다려 출근을 했다.

새벽에 조간신문을 돌리고, 퇴근하고 나서 야간 일을 했다. 그렇게 1년 6개월 동안 힘들게 일을 해서 월세 보증금을 만들었고 그 보증금으로 신림2동에 반지하층 방 하나를 준비하여 다시 가족과 함께 생활 할 수 있었다.

그리고 건설회사로 자리를 옮겨 회사 일에 전념했다. 그러는 중에 큰 공사를 수주하는 등 뛰어난 실적을 올린 덕분에 급여가 크게 올라 창업자금을 마련할 수 있었다.

내 사업으로 재기하려고 사표를 냈지만 회사에서는 사표를 수리하지 않았다. 그렇게 몇 달을 밀고 당기는 가운데 결국 나는 대표가 원하는 데까지 일을 다 봐주게 되었다. 그 대신 대표는 "평소에 그렇게 하고 싶어하던 사업을 하라"며 퇴직금 외 목돈을 더 챙겨주었다. 사실 내가 사업으로 재기하려 한 것도 빨리 돈을 벌어 순전히 정치를 하기 위한 것이라는 걸 알고 있었다.

나는 청년시절부터 사회 변혁에 관심이 많았고, 1987년 6월 항쟁의 현장에도 내내 함께했던 터였다. 그런데 결혼하여 가정을 꾸리는 등 형편상 바로 정치에 뛰어들지 못하고 직장생활을 하고 사업을 하게 되었다. 그러나 마음은 늘 정치 현장에 가 있었고, 봉사활동으로나마 현실 정치에 참여했다.

그러나 일개 시민 또는 시민단체 일원으로서 정치에 참여하는 데는 벽이 너무 높고 많은 한계가 있다는 사실을 절감했다. 그래서 가정 경제가 어느 정도 안정되자 본격적으로 정치 일선에 나섰다. 제도권으로 들어가서 치열하게 부딪히며 뭐라도 해야 세상이 바뀌지, 그렇지 않으면 어림도 없겠다는 생각이었다. 재야의 한계도 서럽도록 겪은 터였다.

2010년, 나는 마침내 제5회 전국동시지방선거에서 광역의회 민주당 후보로 출마하여 서울시의원으로 당선됨으로써 정치 인생을 시작했다. 나는 일찍이 민주당원으로 가입한 이래 지금껏 단 한 번도 당적을 바꾼 일이 없다. 바꾸려고 생각조차 한 적이 없다. 그만큼 정치적 소신이 확고했으므로 어떤 경우에도 정치적 유불리라는 이해관계에 휘둘리지 않았다.

그래서 사업가에서 정치인으로의 나의 변신은 무죄다. '먹고 살만해지니까 정치나 해볼까' 하는 얄팍한 생각에서 정치를 시작한 것이 아니라, '어떻게 정치를 할 수 있는 삶의 조건을 만들까' 하는 열정으로 청춘을 불태웠기 때문이다. 정치가 내 삶이 아닌 적이 없었고, 정치를 끌어안고 애 태우지 않은 적이 없었다.

내가 일찍이 정치에 뜻을 둔 이유는 "정치는 사회적 약자의 무기"라는 믿음 때문이다. 사회적 약자란 대개 경제적 약자다. 자본주의 사회에서는 남녀노소와 다른 모든 조건을 떠나 가난한 사람이 사회적 약자일 수밖에 없다. 그런 다수의 약자들이 소수의 강자들과 현실에서 평등한 조건은 선거에서 똑같이 1인 1표를 행사한다는 것뿐이다. 그러나 평등하게 주어진 1표조차도 정치인들의 지역감정 부추기와 언론의 여론 조작에 따라 얼마든지 왜곡될 수 있고, 실제로 그렇게 되어온 사례도 무수하다.

신림선 경전철 기공식

나는 바로 이 1표들이 민주적 가치와 사회적 약자의 계급 이익에 따라 제대로 행사될 수 있도록 하기 위해 줄곧 정치에 관심을 가져왔고, 마침내 정치 일선에 뛰어든 것이다.

2010년에 서울시 광역의원이 된 나는 2018년까지 재선 의원으로 활동하며, 이런 신념을 한 번도 저버리지 않았다. 2018년 전국동시지방선거에서 나의 고향이나 다름없는 관악구의 살림을 꾸려

보고자 구청장에 도전했지만 당내 후보 경선의 벽을 넘지 못하고 고배를 마셔야 했다. 그래도 정치에 대한 열정과 신념은 시들지도 변하지도 않았다.

그렇게 일선에서 물러난 뒤 4년이 흘렀다. 그동안 나는 오히려 정치인으로서 더 성숙해졌고 정치적 자산도 풍부해졌다. 일선에서 뛸 때는 바빠서 보지 못했거나 듣지 못했거나 생각지 못한 것들을 차분히 돌아보고 챙길 수 있었던 덕분이다.

나는 올해 있을 지방선거에서는 새로워진 마음가짐과 태도로 주민들과 만날 것이다. 또 한 번의 변신이 내 정치 인생에서 어떤 결과로 나타날지 두렵기도 하지만 설렘도 크다.

문재인 대통령 후보 시절

02

나는 정치인이다

누가 나더러 '뭐하는 사람이냐'고 물으면 나는 조금도 망설이지 않고 대답한다.

"정치하는 사람입니다."

그만큼 정치인으로서 크게 부끄럽지 않게 성실히 살아왔고 일선에서는 누구보다 주민 편에서 일해 왔다고 자부한다.

그런데 정치란 뭘까?

아주 오래 전부터 제기되어온 질문이지만 그 답은 다양하게 변주되어서 질문 역시 현재진행형이다. 누구 말처럼 '정치는 살아 움직이는 생물'이어서 하나로 딱 떨어지는 답이 없는 걸까?

그러나 무엇보다도 함량 미달의 정치인들에 의해 '정치'라는 의미 자체가 훼손되고 오염된 탓이 가장 클 것이다. 애초에 '정치'가

가진 고상한 의미는 퇴색되고 '정치' 하면 언제부턴가 부정적으로 여겨지게 되었다. 그래서 '정치적'이라는 말도 '계산적'이라는 부정적인 의미로 쓰이게 되었다. 정치에 대한 시민의 인식을 개선하고 정치 참여를 고취시켜야 할 정치인이 오히려 정치 혐오를 부추긴 탓이다. 또 실제로 대다수 정치인이 정치 대신 협잡을 일삼아온 결과이기도 하다.

민주주의 사회에서는 모든 사람이 저마다 정치적 성향을 결정해야 한다. 그러나 우리나라에서는 잘못된 정치 교육과 정치인의 선동 때문에 보수 대 진보, 좌파 대 우파, 반공 대 용공, 반북 대 친북 같은 양극단으로 싸잡아 편을 갈라온 세월이 길다. 게다가 지역주의까지 편승하여 맹목적인 편 가르기가 기승을 부려왔다. 그러나 정치적 스펙트럼은 아주 다양해서 이런 양극단만으로 나눌 수 없다. 또 그래서도 안 된다.

정치란 둘 이상의 사람이 모이면서 시작된다. 혼자만 살면 정치가 있을 턱도 없고 소용도 없다. 그러니까 사회를 이루면서 정치가 생기고 필요하게 된 것이다.

로빈슨 크루소가 무인도에서 혼자였을 때는 정치가 소용없었다. 그러다가 금요일에 '프라이데이'가 나타나 함께 지내게 되자 비로소 정치가 시작되었다. 정치란 이렇게 여러 사람이 모여 살면서 서로 다른 생각과 이해관계를 갖고 다투기 시작할 때 생겨난다. 이때 사람들 사이에 다른 의견과 이해관계와 갈등을 조정하고 화해시켜 타협점을 찾아가는 과정이 바로 정치고, 이런 정치가 필요할 수밖에 없다.

그래서 아리스토텔레스는 "인간은 정치적 동물"이라 했고, 공산주의 최고 이론가로 꼽히던 니콜라이 부하린은 "그가 생각하는 사람이라면 결코 정치밖에 서 있을 수 없을 것"이라고 했다. 그런데 흥미로운 것은, 이 부하린이 "부자 되세요!"라는 말을 처음한 원조라는 사실이다.

1925년 4월, 심각한 식량난을 극복하려면 농민과 소상공인에게 동기부여를 할 필요가 있다고 생각한 부하린은 모스크바 열성당원 회의에서 "부자 되세요!"라고 외쳤다. 참고로, 소련 공산당 내에서 우파로 꼽히던 부하린은 레닌 이후 권력 투쟁에서 중도파 스탈린과 손잡고 좌파 트로츠키를 숙청하면서 승승장구했지만 결국 스탈린에게 총살당했다. 토사구팽의 신세를 면치 못한 것이다. 이처럼 영원한 친구도 적도 없다는 것 역시 비정한 정치의 한 측면이다.

정치의 행태주의 혁명을 이끈 데이비드 이스턴은 정치를 "가치의 권위적인 배분"이라고 했는데, '가치'는 서로 가지려고 다투는 자원이고 '권위적인'은 국가의 개입을 말한다. 그러나 무엇보다도

"정치란 먹는 것"이라는 천두슈의 갈파가 가슴에 와 닿는다. 천두슈는 중국 5·4운동을 이끌었으며, 신해혁명에 실망하여 중국공산당을 창당한 인물이다.

1992년 미국 대통령 선거에서 클린턴 후보는 "문제는 경제야, 바보야!"라고 외쳤지만, 경제 역시 해답은 정치에서 찾을 수밖에 없다는 점에서 결국 정치의 문제다. 흔히들 술자리에서 '정치가 밥 먹여 주느냐'고 침을 튀기지만 먹고 사는 문제 역시 정치에 달렸다. 조금만 찬찬히 살펴봐도 정치는 누구의 삶이든 직접적인 영향을 미친다는 걸 알 수 있다.

그래서 나는 우리 지역 사람들, 나아가 국민의 삶이 조금이라도 더 나아지도록 하는 데 정치를 통해 미력하나마 힘을 보태고자 정치 일선에 뛰어든 것이다. 물론 나뿐만 아니라 정치를 하는 사람이라면 누구나 하나 같이 "국민을 위한 정치"라는 이유를 들고 그것으로 명분을 천명한다. 하지만 실제로는 대다수 정치인이 그런 이유와 명분과는 반대로 처신하고 행동하는 경우가 많다. 나 역시 그렇게 되지 않으리라고 장담할 수 없는 일이다. 그래서 늘 정치인으로서 나를 돌아보고 또 돌아본다.

03

양심의 칼날 위에 선 정치

정치인은 당장의 곤란한 순간을 회피하기 위해 말장난을 하거나 태연히 거짓말을 할 때가 많다. 좀 능란한 정치인은 알맹이 없는 아리송한 말로 이리저리 미꾸라지처럼 잘도 빠져나간다. 진실을 숨기면서도 거짓말했다는 꼬투리를 잡히지 않도록 교묘하게 퉁친다. 이런 능력을 정치인의 덕목으로 여기는 세태는 오래되었다.

미국 백악관 안에서 벌어진 성추문 사건으로 곤경에 처한 빌 클린턴 당시 대통령은 "부정한 행위"라는 정확한 말 대신 "부적절한 행위"라는 말장난 같은 모호한 말로, "속였다"라는 정확한 말 대신 "아내를 비롯해 사람들의 판단을 그르치게 했다"라는 아리송한 말로 얼버무렸다.

말장난이라면 우리나라 정치인들도 뒤지지 않는다. 1997년 한보 사태가 터졌을 때, 돈을 받았다고 보도된 모 의원은 사실무근이라고 잡아뗐다. 하지만 이내 사실로 드러나 포토라인에 서게 되자 그는 태연하게 말장난으로 눙쳤다.

"회장한테 돈 받은 바 없다고 했지, 한보 돈 안 받았다고 한 적 없다."

고대 그리스의 철인 디오게네스는 괴짜 또는 거지로 불리지만 그의 안목이라면 얼마든지 정직한 정치인을 가려낼 수 있을 것이다. 디오게네스는 현명함만큼이나 종잡을 수 없는 엉뚱한 행동으로 사람들을 놀라게 했다.

어느 날, 그는 대낮에 등불을 켜들고 길거리를 다니면서 여기저기 두리번거리며 뭔가를 열심히 찾고 있었다. 그러자 지나가는 사람들이 물었다.

"당신은 이렇게 밝은 대낮에 등불을 켜들고 무엇을 찾고 있습니까?"

이에 디오게네스가 대답했다.

"나는 지금 정직한 사람을 찾고 있습니다. 이 세상에는 밝은 대낮에도 정직한 사람이 안 보이니 등불을 더 밝혀서 정직한 사람을 찾고 있는 중이라오."

그는 드럼통 같은 술통을 집으로 삼아 이리저리 굴려 다니면서 그 속에서 잠자고 먹고 살았다.

"사람들은 왜 큰 집만 좋아할까? 곤충이나 다른 동물들은 자기 몸 하나 겨우 들어갈 정도의 작은 집에서도 겨울을 잘 지내는데."

그는 이렇게 말하면서 큰 집을 짓고 자랑하는 사람들을 비웃곤 했다.

사람에게는 양심良心이라는 게 있다. 양심은 시비나 선악을 판단하고 선을 명령하며 악을 물리치는 도덕의식을 말하는데, 특히 나쁜 행위를 비판하고 반성하는 의식을 말한다. 우리 일반 정서로는 양심이 대개 '선량한 마음'을 뜻하는 반면, 헌법상의 "양심의 자유"에서와 같이 법률적으로는 사상이나 신념에 가깝다.

우리 헌법재판소는 "양심이란 어떠한 일의 옳고 그름을 판단하는 데 있어 그렇게 행동하지 아니하고서는 자신의 인격적 존재 가치가 허물어지고 말 것이라는 강력하고 진지한 마음의 소리"라고 정의했다.

한편 서구 자유민주주의 역사에서 양심의 자유는 종교개혁 시기에 주창되어 그 뜻이 '종교의 자유'에 가깝다는 것이 다르다.

그런데 그런 양심을 태연히 버릴 줄 알아야 정치인이 될 수 있다는 농담 같은 충고가 진실로 통하는 현실이다. 양심에 털이 나야 한다는 것이다. 사실, 잠이 부족하면 판단력이 흐려져 양심에 털이 난다는 말인데, 정치인은 권력에 눈이 멀면 판단력이 흐려져서 양심에 털이 나는 인간 군상이다. 그러나 이런 현실은 어디까지나 정치인의 세태이고, 국민은 정직하고 양심이 살아있는 정치와 정치인을 갈망한다.

바로 이런 국민의 정직한 갈망을 왜곡시켜 양심에 털이 난 정치인이라도 "우리가 남이가"의 정신으로 변함없이 지지하는 세태를 연출하고 장려하는 세력이 진리의 수호 대신 '정치를 일삼는 언론'이다. 그래서 정계에서 마땅히 퇴출되어야 할 정치인이 오히려 승승장구하고, 반면에 양심을 지키려 한 정직한 정치인이 순진하다

이낙연 전 총리와 함께

고 놀림을 당한다.

나아가 해당 행위를 했다는 이유로 징계를 받거나 아예 정치적 기회를 박탈당하기도 한다. 사적 이해관계로 엮인 정치인과 언론

기업이 정치를 오염시키고, 그 정치를 결정하는 유권자마저도 도덕적 불감증에 길들여 판단력을 마비시키는 반정치反政治를 조장하고 있는 현실이다.

우리 정치는 줄곧 양심의 칼날 위에 선 곡예를 펼쳐왔다. 독재정권 시대에는 정치권력이 정치적 양심을 탄압하고 말살했지만 제도적 민주주의가 정립되고 난 후에는 언론기업이 정치적 양심을 질식시키는, 자본권력 시대가 열려 강화되고 있는 현실이다.

정치적 권위주의 시대에는 뚜렷이 보이는 적이어서 투쟁에도 힘이 있었지만 자본권력은 정치권력보다 더욱 막강함에도 불구하고 적군과 아군의 경계를 모호하게 만들어 투쟁 의지를 무력화시키고 있다. 민주주의에는 역사상 최악의 적이 등장한 것이다. 그래서 정치와 정치인의 역할이 더욱 중요하게 되었다.

지금까지의 정치 현실이 어떻든지 정치와 정치인의 양심이 더욱 절실하게 요구되는 시점이다.

희망으로 달려온 시간들

정치의 존재 이유, 즉 정치가 해야 할 가장 큰 역할은 무엇일까?

'악의 평범성' 개념으로 유명한 정치사상가 한나 아렌트는 정치의 존재 이유를 '자유'로 규정하고, 자유가 억압된 전체주의를 정치의 죽음으로 보았다. 그 전체주의에서의 해방이 자유의 필요조건이지만 그렇다고 해방이 저절로 자유로 이어지지는 않는다.

그건 우리나라 역사만 봐도 알 수 있다. 1945년 8월 15일, 일제의 강점에서 해방되었지만 곧이어 미군정에 예속되었고, 우리 정부가 들어선 이후에도 남북 국민 모두 기나긴 전체주의 독재의 억압체제에 짓눌려 살아야 했다.

이처럼 정치가 사라진 체제에서는 자유도 없다. 그만큼 정치는 반드시 지켜내야 할 소중한 자유의 터전이다. 민주주의는 바로 이

자유가 살아 있을 때만이 싹트고 자란다. 그러므로 정치는 민주주의 체제에서만 작동하는 것이고, 민주주의를 위해서는 반드시 정치가 필요하다. 정치가 없으면 민주주의도 없다.

내가 생각하는 정치의 존재 이유, 즉 정치가 해야 할 역할은 내 지역의 주민, 내 나라의 국민에게 희망을 주는 것이다. 그리고 그 희망이 이루어지도록 앞장서서 헌신하는 것이다. 희망을 주고, 그에 대해 끝까지 책임을 지는 것이다. 그래서 정치에는 반드시 책임이 따른다.

나는 절망 속에서도 자신의 희망을 가꾸고 주민들에게 용기와 희망을 주는 정치인으로 래리 호건을 꼽는다. 한국계 아내를 둔 그는 '한국 사위'로 불리면서 우리에게 친숙해진, 미국 메릴랜드 주지사다. 그는 민주당이 전통적으로 초강세를 보여온 메릴랜드주에서 공화당 후보로 출마해 당선되었고, 2018년 재선에서는 더욱 높은 지지율로 승리했다.

〈워싱턴포스트〉가 그의 승리를 "너무도 충격적인 반전"으로 표현할 정도였다. 무엇이 그를 이토록 주민들이 지지하고 사랑하는 정치인으로 만들었을까?

그는 볼티모어에서 발생한 최악의 폭동을 잠재우고, 메릴랜드주를 재정난에서 구해냈으며, 공화당원은 물론 민주당원과 무당

파에게서도 전폭적인 지지를 이끌어내는 정치력을 보였다. 그는 "우리가 선거에서 이겼다고 해서 다른 후보를 지지한 사람들을 잊어도 된다는 의미가 아니"라고 강조했다.

"여러분이 어느 당 지지자인지는 중요하지 않습니다. 여러분이 누구에게 투표했는지도 중요하지 않습니다. 중요한 것은 내일부터 우리가 함께 힘을 모아 위대한 메릴랜드를 되살리기 위해 노력해야 한다는 점입니다. 우리가 직면한 이 심각한 문제는 공화당 문제도 아니고 민주당 문제도 아닙니다. 그리고 우리가 이 문제를 해결하는 유일한 방법은 함께 앉아 서로 손을 부여잡고 실제적이고 초당적이며 상식적인 해결책을 찾아내는 것입니다."

이런 그에게 전혀 예상하지 못한 말기 암이라는 가혹한 선고가 내려졌다. 이에 메릴랜드 주민들이 '호건 스트롱' 손목 밴드를 차고 쾌유를 비는 응원의 메시지가 봇물을 이뤘다. 민주당원이든 공화당원이든 가리지 않았다.

이처럼 사적, 공적으로 숱한 고난을 견디고 난제와 맞서 싸우면서 그가 보여준 강력한 리더십은 주민들에게 용기와 희망을 불어넣어 주었다.

암과의 투쟁에서 승리하고 두 번째 임기를 시작한 호건에게 닥친 도전은 전 인류를 덮친 글로벌 팬데믹이었다. 그는 결연한 투쟁

의지와 함께 변함없이 사람들에게 희망의 메시지를 전했다.

관악구 의용소방대

"나는 내가 진정으로 믿는 것들을 위해 기꺼이 일어나 싸울 것입니다. 나는 사람들을 위한 일을 기꺼이 수행하려는 모든 사람과 손을 잡고 뛸 것입니다. 이것이야말로 공직에 종사하기를 원하는 모든 이의 전제 조건이 되어야 합니다."

나도 정치 일선에 나선 이후로 줄곧 이처럼 어떤 상황에서도 용기와 희망을 주는 정치를 하고자 최선을 다했다. 나 스스로도 용기와 희망을 잃지 않는 정치인이 되고자 각고하고 분투했다.

나는 2010년 이후 8년간 서울시의원으로 활동하면서 우리 주위에서 일어나는 모든 일 즉, 무슨 거창한 것이 아니라 아주 사소한 도움이나 배려만으로도 살아갈 용기를 얻고 삶의 희망을 갖는 이

웃이 많다는 사실을 깨달았다. 바로 그런 역할을 정치가, 그리고 정치인이 해야 할 일이라는 것을 새삼 느꼈다.

우리가 세상을 살다 보면 성공뿐만 아니라 무수한 실패를 겪게 되는데, 그 실패가 성공의 밑거름이 되지 못하고 좌절만 낳는다면 더는 살아갈 이유도 의욕도 갖지 못하게 된다. 나는 정치인이다. 정치인이라는 직업은 나의 생업이기도 하지만 앞서 말했듯이 다른 사람들의 삶에 구체적이고도 절대적인 영향을 미치므로 생업의 차원에서만 볼 일은 아니다. 만약 생업의 차원에서만 본다면 그것은 이미 정치도, 정치인도 아니기 때문이다. 이런 점에서 정치인은 다른 직업과는 확연히 구분된다. 그만큼 높은 책임감과 윤리의식이 필요한 직업이다.

그러므로 정치인은 선거에서 질 때만 실패하는 것이 아니고 그보다는 민의를 돌보지 못하고 심지어 배신했을 때 더 크게 실패하는 것이다. 한마디로 희망을 주지 못하는 정치는 실패한 정치요, 희망을 주지 못하는 정치인은 실패한 직업인이다. 우리 삶의 희망이 정치에 달려 있고, 그런 희망을 주는 것이 정치의 존재 이유다.

상식이 통하는 세상을 꿈꾸며

우리는 흔히 '상식이 통하는 세상'을 말한다. 사전에서는 상식常
識을 '보통사람이라면 누구나 다 지니고 있거나 수긍하는 지식이
나 판단력'으로 풀이한다. 즉, 대부분의 사람들이 우리가 상식常食
하는 밥만큼이나 당연하게 여기는 생각이나 인식 그리고 지식을
말한다.

그런데 언제부턴가 상식이 통하지 않는 세상, 비상식이 상식으
로 행세하는 세상이 되어간다는 한탄이 들린다. 이렇게 된 데는 언
론의 책임도 있다.

여론을 주도한다는 주류 언론이 공익보다는 사적 이익을 위해
갈수록 더 정략적이고 무책임한 보도를 일삼는 행태에서 그 원인
을 찾고 있는 마당에 그 언론이 오히려 상식이 통하지 않는 세상을

나무라는 적반하장賊反荷杖이 당당하니, 기가 찰 노릇이다.

이들 주류 언론이 그래도 책임을 회피할 마땅한 수단이 없던 예전에는 내놓고 '가짜뉴스'를 마구 퍼뜨리는 지경까지는 가지 않았다. 그러나 이제는 비교적 책임에서 자유로운 개인 커뮤니티가 양산해내는 가짜뉴스를 인용하는 방식으로 책임을 회피하고 대서특필함으로써 여론을 호도하고 왜곡한다.

상식이 통하는 세상을 이끌면서 정도를 걸어야 할 주류 언론이, 순전히 돈벌이 목적으로 자극적인 가짜뉴스를 생산해 퍼뜨리는 범죄적 커뮤니티들의 확성기 노릇을 자처하고 있는 셈이다. 그러다 보니 가짜뉴스인 줄 알면서도, 정말인 것처럼 믿고 떠드는 세상이 되어버린 것이다.

그러니 상식이 통하는 세상을 만들려면, 무엇보다 언론 개혁이 필요하다. 언론이 언론 본연의 역할을 해야 한다는 것은 지극히 상식적이고도 원론적인 이야기다.

그러나 그런 상식이 통하는 세상은 아이러니하게도 상식적인 방식을 통해서는 오지 않는다. 우리 사회가 너무 오랫동안 몰상식한 문화의 지배 아래 놓여 있었기 때문이기도 하다.

정치, 경제, 사회, 문화 전반에 걸쳐 비상식이 지배해온 우리의 깊은 병폐를 상식이라는 무딘 칼날로는 치유하고 바로세울 수 없다. 비상한 각오와 방식이 절실한 이유다.

정치인 가운데 이런 주류 언론의 부당한 공격으로 가장 피해를 많이 본 정치인이 노무현 전 대통령이다. 그래서인지 그는 언론 개혁의 중요성을 누구보다 잘 알고 있었고, 개혁 의지도 강했다. 특히 보수 언론과는 정치를 하는 내내 긴장관계에 있었다. 실은 보수 언론들이 일방적으로 물어뜯는 관계였지만 말이다.

노무현은 원칙이 승리하고 상식이 통하는 세상을 만들기 위해 일생을 헌신했다. 정치에 입문하기 전 인권 변호사로 활동할 때, 민주화운동을 할 때도 그랬고 정치판에 들어온 뒤로도 그랬다. 원칙과 상식을 위해서라면 자신의 정치적 이득 따위는 전혀 고려하지 않았다.

정치적 은사인 김영삼이 주도한 3당의 야합에 외롭게 맞선 것은 압권이었다. 야합을 거부한 노무현이 원칙이었고 상식이었지만 왜곡된 정치판은 그를 오랫동안 정치적 패배자로 만들었고 낭인으로 떠돌게 했다. 하지만 그의 원칙과 상식은 결국 정치적 승리로 귀결되었다. 사필귀정事必歸正은 노무현의 정치에 어울리는 말이다.

원칙과 상식을 위해서라면 정치적 위험이나 손실도 기꺼이 감수하는 노무현의 일화는 셀 수도 없이 많다. 그 중 하나만 들자면, 1997년 한보 게이트의 몸통으로 지목된 김현철_{당시 김영삼 대통령 장남} 관련 신문 기고문이다.

"한보 게이트가 김현철이 하나 때문에 일어난 일인가? 기업의 신뢰도나 수익성을 평가하지 않고 관치 금융이 이뤄지던 시장구조 때문이 아닌가? 그렇다면 김현철이 하나를 때려잡는 게 뭐가 중요한가?"

당시의 들끓는 여론이나 사회 분위기에 배치되는 논조였지만 그는 거리낌 없이 자기 생각을 말했다. 김현철을 비호하자는 게 아니라 문제를 해결하려면 구조를 뜯어고쳐야 한다는 논조인데, 그때 분위기로는 얼마든지 김현철을 비호한다는 비난을 살 수도 있는 터였지만 개의치 않은 것이다.

그러나 상식이 통하는 세상은 그리 쉽게 오지 않는 것인가. 원칙과 상식의 아이콘으로 통하던 노무현조차 반칙과 몰상식이 판치는 세상의 희생양이 되고 말았으니, 이제 누가 있어 그 정신을 이어 받아 원칙과 상식이 통하는 세상을 회복할 것인가.

　나는 미약하나마 정치를 하는 내내 이런 노무현 정신을 이어받아 되살리고자 끊임없이 자성하고 노력했다. 상식이 통하는 세상을 향한 나의 여정은 앞으로도 변함없이 이어질 것이다.

2장

나에게 정치란
무엇인가?

나는 "깨어 있는 시민의 참여가 민주주의 최후의 보루"라고 한
故 노무현 전 대통령의 말에 전적으로 공감한다.
그렇다. 우리는 정치를 욕하면서 혐오하고 정치에서 멀어질 것이 아니라
깨어서 정치에 적극 참여해야 한다. 대개 나쁜 정치 세력이
시민의 정치 참여를 막는다.

01

어떻게 하면 달라지는가?

나는 지난 지방선거 이후로 공직을 떠나 있었지만 한 번도 정치 현장을 떠나본 적이 없으며, 주민들과의 소통과 지역 봉사활동을 게을리 해본 적이 없다.

그래서인지 지역 여론은 내게 호의를 거두지 않고 있다. 아니, 오히려 호의를 더해가고 있다. 아마도 내가 시의원으로 일할 때 거의 모든 공약을 이행한 덕분에 '약속을 잘 지키는 정치인' 으로 주민들 마음에 박힌 모양이다.

또 주민들 일이라면 자다가도 일어나 발 벗고 나서는 헌신적인 모습이 깊은 인상을 심어준 모양이다. 국정이든 시정이든 구정이든 지금 이대로는 안 된다는 공감대가 국민들, 그리고 지역구민들 사이에서도 강하게 형성되고 있다. 지난 21대 총선에서 여권에

180여 석을 몰아준 국민이, 서울에서만 49석 중 41석을 몰아준 시민들이 불과 1년 후에 실시된 서울·부산 양대 시장 보궐선거에서 여당에 참패를 안긴 것만 봐도 변화에 대한 민심의 갈망을 알 수 있다. 민심은 야당을 지지해서 그들에게 당근을 안긴 것이 아니라 국민의 뜻을 충실히 받들어 개혁을 완수하라는 뜻으로 여당에 채찍을 내린 것이다.

내 정치 인생의 터전인 관악구도 예외는 아니어서 변화에 대한 열망이 점차 고조되고 있다. 그리고 그 열망은 진정으로 민의를 대변할, 믿음이 가는 정치인에 대한 지지로 모아지고 있다.

그렇다면 누가 개혁이 정체된 현상을 변화시킬, 믿음이 가는 정치인인가? 이 물음 앞에 나는 정치인으로서 과연 자격이 있는지 돌아보고 숙고하는 가운데, 주민들은 나를 향해 전에 없는 기대와 격려를 보내고 있다. 내가 속한 여당인 민주당은 야당과 싸우기 전에 먼저 자기 자신과 싸워서 이기라는 국민의 명령을 받은 가운데 나도 나 자신과의 싸움에서 이겨야 하는 과제를 안고 있다. 나는 이제 무엇을 할 것인가? 그 무엇을 어떻게 할 것인가?

국민은 무엇보다 여직 구태를 벗어나지 못하고 있는 정치의 쇄신刷新을 요구하고 있다. 다른 분야의 쇄신은 상당한 진전을 보여오고 있는데, 유독 정치만 제자리 걸음이라는 것이 국민의 불만이다. 부정할 수만은 없는 현실이다. 정치개혁은 늘 말만 앞섰지 중요하고 필요한 개혁은 번번이 무산되었다. 법을 만들고 고치는 정치인이 기득권에 얽매여 있기 때문이다. 가령, 급변하는 정치 환경에서 이미 오래 전부터 시대착오적인 제도로 지적받아온 국회의원 선거 소선거구제 하나 고치지 못하고 있다.

프랑스의 정치학자 모리스 뒤베르제는 1951년 《정당론》을 통해 '뒤베르제의 법칙Duverger's law'을 가설로 제시했다. 다수대표제가 양당제를 불러오고, 비례대표제가 다당제를 불러온다는 가설이다.

다수대표제의 소선거구제에서 중소 정당들은 선거 결과에 따라 이합집산하거나 거대 정당에 흡수된다. 중소 정당들의 후보들은 당선 가능성이 떨어진다는 이유로, 다시 말해 사표 방지 심리로 인해 유권자들에게 배제된다.

소선거구제는 한 지역구에서 한 명만 선출하므로 당선 가능성이 높은 후보 쪽으로 유권자들의 지지가 쏠리는 '합리적 선택' 심리가 작용하기 때문이다. 이렇게 형성된 대립 구도가 양당제로 이어진다는 것이다. 이 가설은 적어도 우리나라 선거 현실에서는 그대로 적중하여 거의 법칙으로 굳어지고 있다고 해도 과언이 아니다. 미국도 마찬가지다.

사실 소선거구제의 문제점은 누구나 공감하고 있고, 여론은 어떻게든 개혁이 필요하다는 데 의견이 모아지고 있지만 정작 열쇠를 쥐고 있는 국회의원들이 제도 개선에 소극적이다. 헌법을 고치는 일도 아니고 그저 선거법만 고치면 되는 일이어서 국회의원들이 마음만 먹으면 언제라도 할 수 있는 일인데, 수십 년간 변죽만 울린 채 한 걸음도 나아가지 못하고 있다. 소선거구제에 기댄 기득권 심리가 작용하고 있으니 안타까운 일이다.

쇄신이란 나쁜 폐단이나 묵은 것을 버리고 새롭게 한다는 것이다. 즉, 혁신革新이다. 보궐선거 직후에 여론조사를 실시했다.

"문재인 정부의 후반기 국정 운영 방향에 대해 어떻게 생각합니까?"

이런 질문에 대한 응답자의 86%가 국정 운영 방향의 일부 또는 전면 수정이 필요하다고 대답했다. 이제 유권자의 관심은 차기 대선으로 쏠리고 있다. 여든 야든, 보궐선거의 승자든 패자든, 쇄신만이 살길이다. 이번 대선은 결국 국민의 쇄신 요구에 진정으로 부응하는 쪽이 이길 것이다.

그렇다면 무엇을 어떻게 쇄신할 것인가?

국정이든 시정이든 구정이든, 모든 정치와 행정의 쇄신은 인적쇄신이 핵심이다. 인적쇄신 없이 제도를 손보는 것만으로는 결국 아무것도 쇄신할 수 없다. 인적쇄신도 면피나 흉내에 그쳐서는 안 된다. 인사 철학 자체가 근본에서부터 바뀌어야 한다.

　정치적 이해관계나 친분에 따라 좌우되는 안면 인사가 아니라 적합성과 전문성, 다시 말해 그 자리에 맞는 철학과 소양과 전문능력을 지닌 인재를 널리 구하여 쓰는 획기적인 인적쇄신이어야 한다. 내 편이냐 아니냐 하는 정치적 이해관계가 고려되는 한 모든 인사는 실패로 돌아갈 것이며, 당연히 정책은 아무런 성과도 내지 못할 것이다.

02

정치, 알고나 욕하자

일반 국민이 '정치인'이야 말할 것도 없지만 '정치'를 욕하는 것은 어느 사회나 있는 일이다. 그만큼 '정치를 한다'는 것은 욕 안 먹기가 어려운 일이기도 하다.

그런데 정치인도 정치를 욕하는 모습을 자주 본다. 나는 정치인이 정치를 욕하는 것은 납득하기 어렵다. 결국 자기 욕을 하는 것인데, 그러려면 정치를 하지 말아야 할 사람이다. 정치가 욕을 먹는 것은 정치인 탓이기 때문이다. 정치인이 정치를 욕하면서 자기 잘못은 없다고 하는 것은 흔히 말하는 유체이탈식 화법이다.

'정치가 다 그렇다'고 하는 식으로 싸잡아 정치를 욕하는 것은 정치인의 자세가 아니다. 정치가 잘못되었으면 응당 먼저 정치인으로서 자기 책임은 없는지 돌아봐야 할 것이고, 그 잘못을 어떻게 고쳐나갈지 고민해야 하는 것이 순서다.

정치는 원래 좋은 것인데 국민에게 부정적으로 인식된 것은 정치인이 앞장서서 정치혐오를 부추긴 탓이 가장 크다고 생각한다. 자기 부정이다. 이런 정치인도 정치에 대해 좀 제대로 알고 정치다운 정치를 했으면 좋겠다.

일반 국민은 그간 말만 앞세운 정치인의 표리부동과 신의배신을 너무 자주 봐온 탓에 정치나 정치인에 대한 인식이 부정적으로 기울어져 술자리 안줏감으로 욕을 하게 되는 것이다.

하지만 그렇더라도 누구든 정치나 정치인을 싸잡아 욕하는 것은 온당하지 못하다. 더구나 잘 모르고 남이 그러니까 덩달아 그러는 것은 더 부당하고, 본인에게도 아무런 득이 되지 못한다. 잘 살펴보면 좋은 정치인, 잘한 정치도 적잖다. 그러니 정치인이나 정치 비판도 주어가 확실해야 하고 내용은 구체적이어야 한다. 그렇다면 남의 얘기만 믿지 말고 스스로 확인해야 한다.

최소한 사실관계는 맞아야 할 게 아닌가. 해석이나 평가는 다음 문제다. 사실과는 크게 다른, 심지어는 가짜뉴스를 근거로 욕을 하다 보면, 결국 다른 사람이 무책임하게 근거 없이 뱉은 말에 놀아나 본인이 다치게 된다.

나는 "깨어 있는 시민의 참여가 민주주의 최후의 보루"라고 한

故노무현 전 대통령의 말에 전적으로 공감한다. 그렇다. 우리는 정치를 욕하면서 혐오하고 정치에서 멀어질 것이 아니라 깨어서 정치에 적극 참여해야 한다. 대개 나쁜 정치 세력이 시민의 정치 참여를 막는다. 그래서 정치 혐오를 부추기는 것이다. 노무현 전 대통령도 바로 그 점을 가장 경계했다.

같은 맥락에서 물뚝심송은 《정치가 밥 먹여준다》2012에서 "정치판의 주인공은 여기서 너희들을 지켜보고 있는 나 자신"이라며, 국민이 정치를 외면해서는 안 되는 까닭을 실감나게 말해준다.

"다른 분야도 아니고 최소한 정치판을 관전하는 입장이 되려면 가장 먼저 이런 자존감을 챙겨야 해. '내가 저들의 주인이다. 내가 저들에게 일을 시킨 것이다. 저들이 일을 제대로 안 하면 잘라 버리고 새로 뽑을 수 있다. 내가 이 역사의 주인공이다' 하는 자존감 말이야. 과거 정치판의 주인공은 누구였을까? 역시 과거 그 당시에 살아가던 우리들이야. 현실 정치의 주인공은 누구일까? 지금 현실을 살아가고 있는 우리들이라고? 우리가 지금 이 순간 우리나라의 역사, 우리 사회의 역사를 만들어 가고 있는 거야.

우리가 한눈을 팔고 무관심하면 저 머슴들은 우리를 속이고 우리의 돈을 훔쳐갈 것이고, 우리가 관심을 가지고 냉철하게 지켜보며 일을 시키면 저들은 우리의 눈치를 보면서 우리를 위해 일을 하게 되겠지. 아주 당연한 귀결이지.

이런 관점을 가지고 현실정치를 지켜봐야 해. 그렇게 주인의식을 가지고 정치판을 지켜보면 금방 알게 될 거야. 어떤 머슴이 일을 잘하고 어떤 머슴이 사기꾼인지 말이야. 그런 거 골라내고 머슴에게 시킬 수 있는 가장 필요한 일들을 시키는 과정, 그게 바로 우리가 정치판을 관전하면서 느낄 수 있는 재미이고 보람이라는 얘기야. 한마디로 말해서 이런 거지."

사실 우리는 정치를 잘 모르니까 덮어놓고 욕부터 하는 경향도 있다. 이것저것 따지고 생각하기 귀찮으니까 싸잡아서 욕부터 하고 나면 속이 시원해지는 기분이 든다. 무엇보다 정치에 관한 무식을 욕으로 감출 수 있어서 좋다. 그러나 그것은 착각이다. 무식은 욕으로 감출 수 없다. 듣는 상대도 무안해할까 봐 그냥 넘어가는 거지 그 욕에 담긴 함의를 몰라서 그러는 게 아니다.

정치는 알고 보면 무척 흥미로운 영역이다. 더구나 직접 참여해 보면 더욱 흥미진진하다는 것을 체험하게 된다. 또 선입견만큼 그렇게 혼탁한 것도 아니라는 걸 알게 된다. 무엇보다 정치가 어떻게 밥 먹여주는지를, 즉 우리 일상을 어떻게 규정하고 우리 미래를 어떻게 달라지게 하는지를 생생하게 알게 된다. 좀 더 단적으로 말하면, 우리 삶의 질이 온전히 정치에 달려 있다는 것을 깨닫게 된다.

앞에서 예로 든 물뚝심송의 《정치가 밥 먹여준다》에서는 국민이 정치를 혐오하여 정치에서 멀어지면 어떤 일이 벌어지는지 실감나게 말해준다.

"어떤 집단이 사회적 의사결정권, 즉 권력을 장악했으면 그들은 그 권력을 이용해서 자신이 속한 집단이 더 많은 이익을 보도록 권력을 행사하는 거야. 자기들과 아무 관계없는 사람에게는 아무래도 관심이 덜 가겠지. 이런 일이 벌어질 경

이재명 대통령 후보와 함께

우, 손해를 보는 사람들이 유심히 지켜보고 있었다면 당장 항의하고 난리가 나겠지. 그러니까 권력을 가진 집단은 사람들이 자신들의 결정에 관심을 기울이지 않길 바라는 거야. 많은 사람이 관심을 두지 않는다면, 뒤에서 무슨 음험한 짓을 해도 걸리지 않는 거지.

얼마나 편하고 좋아? 자기들 마음대로 유리하게 이권을 분배하고, 그 이권을 받은 사람들은 또 자기편을 지지하게 되니 그들 입장에 서는 선순환 구조가 만들어지는 거라고."

이렇게 되도록 놔둬서는 안 된다. 정치가 망가지고 만다. 정치가 망가지면 자연히 민주주의도 허울만 남고 실질을 잃게 된다. 패권 정치, 금권정치가 판을 치게 된다. 바로 일본의 민주주의가 허울만 남게 된 까닭이다. 그럼 어떻게 해야 하는가. 역시 물뚝심송이 같은 책에서 힌트를 준다.

"정치는 그 진면목을 아무에게나 보여주지 않아. 정치판에 뛰어 들어 구경할 수 있는 판돈으로 세금을 낸다고 해서 그 사람이 자동 으로 정치를 즐기게 되는 것도 아니지. 정치판을 주름잡고 있는 물 주들에게 내가 낸 세금만 털리기 십상이야. 이래서는 안 되잖아. 주변의 만류를 뚫고, 쓸데없이 쿨한 척하는 친구들의 조롱을 감수 하고, 우리 사회를 뒤덮은 정치혐오증을 박차고 뛰어들어야 정치 의 진짜 모습을 아주 쪼끔이나마 맛볼 수 있어. 여기에서 느끼는 귀한 재미가 바로 정치의 맨 얼굴이야."

03

변하지 않는 지방정치의 한계

정치라면 중앙정치도 문제가 많지만 지방정치는 그런 문제에 더해 더욱 많은 한계를 지니고 있다. 물론 지방정치는 자치를 통해 민주주의의 발전을 비롯하여 많은 긍정적인 성과를 보이고 있지만, 개선하고 보완해야 할 문제점도 적잖이 드러내고 있다. 무엇보다 중앙정치의 예속에서 벗어나, 적어도 영향력을 최소화하여 지방정치의 독립성 확보와 더불어 실질적인 주민감시체제의 확립이 시급한 과제로 보인다.

우리나라 지방자치는 "지방자치단체는 주민의 복리에 관한 사무를 처리하고 재산을 관리하며, 법령의 범위 안에서 자치에 관한 규정을 제정할 수 있다"는 헌법 조항대로 풀뿌리 민주화를 달성하고 주민의 삶에 실질적인 변화를 가져오는 정책을 실현해왔다.

하지만 우리의 지방자치는 아직 권한과 예산의 독립이 없는 형식적인 수준에 머물러 있고, 머잖아 '지방 소멸'을 맞아 물거품이 될 위기에 처해 있다. 지방이 소멸하고 나면 지방자치만 의미가 없어지는 것이 아니라 중앙도 소멸된다. 지방이 잘못되면 지방이고 중앙이고 공멸하는 것이다.

그러므로 실질적인 지방자치가 이루어지려면 지방분권이 전제되어야 한다. 분권 없이는 자치도 없다. 지방분권은 지방자치의 핵심 요소로, 민주주의의 기본 원칙이다.

지방분권을 이루려면 중앙정부에 집중된 권한과 재정을 지방정부로 대폭 이관하여 지방정부의 독립성을 키워야 한다. 그러나 현실은 아직도 지방정부가 중앙정부를 보조하는 위상에 머물러 있다. 지방정부, 즉 지자체의 사무는 국가사무와 지방사무로 나뉘는데, 아직도 국가사무에 크게 치우쳐 있다. 다시 말해, 지방정부의 역량이 지방의 고유 사무 처리에 집중되기보다는 국가의 기관위임사무와 단체위임사무 처리에 집중되고 있다는 것이다.

이런 상황은 지방분권과 지방자치에 역행한다. 이런 문제를 해결하려면 국방, 안보, 외교, 사법 등 국가 존립에 필요하거나 전국 단위로 추진해야 할 업무 외에는 과감하게 지방정부로 이전해야 한다. 업무는 지방정부가 거의 다하는데 권한만 국가가 가진다는

것은 모순이고, 지방분권을 근간으로 하는 지방자치제의 취지에
도 반하는 일이다.

그리고 지방자치제가 제대로 자리를 잡으려면 무엇보다 지방정
부의 재정 자립이 확보되어야 한다. 그러나 현실은 그에 턱없이 못
미치고 있다. 국세와 지방세의 재정 비율을 보면, 세입이 8:2로 세
출의 4:6에 비해 턱없이 낮다. 지방정부가 대부분의 예산을 중앙
정부에 의지하고 있다는 뜻이다.

가령, 국가 전체 재정 수입이 100이라면 중앙정부가 80을 거둬
들이고 지방정부가 20을 거둬들이는데, 지출은 중앙정부 예산으
로 40이 나가고 지방정부 예산으로 60이 나간다는 것이다. 결국
지방정부는 재정 수입의 2배에 이르는 막대한 예산을 중앙정부로
부터 더 타내야 소요 예산을 맞출 수 있다는 얘기다. 평균 재정자
립도가 33.3%에 불과하다는 것으로, 이처럼 재정이 중앙에 크게
예속된 상황에서는 분권이 실질적으로 이루어질 리 만무하다. 지
역 재정이 중앙에 예속되어 있으니, 국회에서 예산을 다루는 지역
구 국회의원이 해당 지역을 쥐락펴락하는 것이기도 하다.

또 자치입법만 해도 지방의회에서 조례를 제정할 수 있지만 대
부분 국회에서 제정한 법령의 범위 내에서 조례 제정을 허용하고
있어서 지역 실정에 맞는 맞춤형 조례를 제정하는 것에는 한계가

있다. 가령, 지역은 인구의 규모나 도시지역, 농촌지역, 산촌지역, 어촌지역 등으로 특성이 다양한데도 토지 이용만 해도 상위법에 저촉된다는 이유로 지역에 필요한 다양한 조례를 만들지 못한다.

이제 지방자치는 풀뿌리 민주주의 실현만이 문제가 아니다. 지방 소멸이라는 더 시급한 문제에 직면해 있다. 지방이 소멸되면 수도권의 문제가 해결되기는 커녕 더욱 심화될 수밖에 없다. 지방 소멸을 막고 지방을 살리는 것이야말로 수도권 문제의 근본 해결책이라는 사실을 알아야 한다.국회의원 선출 수도 인구 단위 일변도

성낙인 서울대학교 총장과 함께

에서 벗어나 지방의 특수성을 반영하여 균형을 잡아야 한다. 가령, 면적도 연동하여 선거구를 획정할 필요가 있다. 그래야 수도권과 지방의 국회의원 수가 균형을 이루어 지방의 균형 발전 정책을 수

립하여 지속적으로 시행할 수가 있다. 인구 단위로만 국회의원 수를 정하면 지방 소멸은 더욱 가속화될 수밖에 없다. 현재로서도 지역구 국회의원 253명의 절반에 가까운 121명이 수도권서울·경기·인천에 몰려 있다. 사실 수도권이라고도 할 수 없는 인천의 강화도를 빼면 수도권의 면적은 전국 면적의 20%에 불과하다. 강원도는 국회의원이 8명으로 면적 대비 국회의원 수가 경기도59명의 9%에 불과하다. 경상북도13명는 11%로, 약간 낮지만 거기서 거기다.

하지만 첫 술에 배부를 수는 없다. 1949년 지방자치법을 제정하고 1952년 지자체 의회의원 선거, 1956년 기초지자체장 선거, 1960년 광역지자체장 선거를 실시함으로써 명실상부한 지방자치 시대를 열었다. 그러나 1961년 쿠데타로 군사정부가 들어서면서 전면 중단되었다. 그러다 1995년 4대 지방선거를 통해 지방자치가 부활하여 이제 겨우 26년이 되었다. 그럼에도 많은 실질적 발전이 이루어져왔고, 연륜이 쌓이면서 더욱 개선될 것이다.

지방자치 부활 이후 지방정부 행정은 정보 공개와 주민 참여 활동을 통해 더욱 공정하고 투명한 방향으로 나아가고 있다. 대부분의 지자체가 행정정보공개조례 제정, 주민감사청구제도 운영, 재정운영공개조례 제정, 정책실명제 실시, 민원공개법 실시 등 다양한 민주적 시책들을 도입하여 운영하고 있다.

지방자치 실시는 지방행정의 변화를 가져왔을 뿐 아니라 우리 사회 모든 부문에서 다원화와 선진화를 촉진하고 민주주의를 발전시키고 있다.

지방자치 실시 이후 주민들은 무엇보다 빠르고 편리해진 민원 처리 혜택을 누리게 되었다. 전에 비하면 격세지감이다.

하지만 앞에서도 말했듯이 지방자치의 문제점도 산적해 있다.

자치행정에 대한 책임성 결여, 구조적으로 취약한 재정 상황에서 선심성 또는 전시성 행정에 따른 방만한 재정 운영, 지역이기주의 심화 등이 주요 문제점으로 거론된다.

무엇보다 지자체장의 권한 전횡과 지방의회의 전문성 미흡이 가장 큰 문제로 꼽힌다. 권한이 지자체장에게 지나치게 집중되어 공무원들이 단체장 눈치 보기에 급급한 가운데, 지자체장의 새로운 권위주의적 행태가 문제되고 있다. 그런데도 지방의회는 상대적으로 전문성이 떨어져 감시와 견제 역할을 제대로 못하고 있는 실정이기도 하다. 더구나 현재의 소선거구제로 인해 일당이나 양당이 의회를 지배하고 있어서 유착이나 이권을 둘러싼 잡음이 끊이지 않고 있다.

일부 지자체장들이 선거법 위반이나 뇌물수수 혐의 등으로 송사에 휩쓸리거나 사회적으로 물의를 일으켜 지방행정에 대한 주민들의 불신과 비난 여론이 좀처럼 수그러들지 않고 있다. 문제는, 지자체장이나 지방의원의 위법이나 부당한 행위, 주민의 뜻에 반하는 행태를 효과적으로 통제할 제도적 장치가 신통치 않다는 것이다. 특히 자치사무의 경우에는 법령을 위반하여 위법한 상태에 있더라도 의무 불이행에 대해서는 실효성 있는 시정 장치가 없는 것이 문제다.

이런 한계들을 극복하고 미비한 점들을 개선하지 못하면 지방자치는 득보다 실이 많은 제도로 존립 자체가 위기에 처할 수도 있다. 그것은 바로 우리 민주주의의 위기이기도 하고, 지방 소멸을 앞당기는 방아쇠가 될 수도 있다. 그러므로 어떤 일이 있더라도 지방정치의 성공을 통해 지방 소멸을 막고 건강한 지방시대를 열어야 한다. 지방이 살아야 중앙도 산다.

04

지역주민을 위한 정책 발굴이 우선

나는 8대 지방선거에서 서울시 광역의원으로 선출되어 정치 일선에 나선 이후로 줄곧 지역 주민을 위한 정책을 발굴하고 숙원 사업을 해결하는 데 온 힘을 기울여왔다. 아울러 서울시 예산이 올바르게 쓰이도록 하는 감사 활동도 게을리 하지 않았다.

수도권과 지방이 격차가 커서 균형 발전이 필요하듯이, 같은 서울 안에서도 구별로 격차가 커서 균형 발전이 필요하다는 데에 주목했다. 다구나 내 지역구가 속한 관악구는 서울의 25개구 가운데 행복지수가 꼴찌에 가까울 정도로 낙후되어 있었다. 그래서 해야 할 일이 쌓여 있었다.

무엇보다 무산될 위기에 놓여 있던 신림선 경전철 사업은 지역 숙원사업이었다. 나는 이 사업을 살려내기 위해 조기 착공을 염원하는 주민서명을 받아 서울시에 전달하고 시정 질문으로 그 필요성을 환기시켰다. 그리고 시장과 담판을 지어 마침내 이 사업을 살려냈다.

또 당시 서울의 중장기 발전 비전을 담은 도시기본계획에서 제외되어 있던 관악구를 2030도시기본계획에 12지역 중심으로 포함시켜 지역 발전의 토대를 마련한 것은 주민들에게 깊은 인상을 주었다.

그 밖에도 도림천 범람 예방 시설 설치, 교량 확장, 환경 개선 등 많은 사업을 추진했다.

9대 지방선거에서 주민들에게 재신임을 받은 나는 지난 임기의 연속선상에서 지역의 교통 편의를 높이는 기반 사업의 성과를 주민들에게 안겼으며, 서울시 산하기관장에 대한 인사청문회 도입을 위한 조례안을 발의하는 등 주민들 입장에서 더욱 활발한 의정 활동을 펼쳤다.

지역을 발전시키는 데 또 하나 빼놓을 수 없는 것이 교육이다. 그래서 나는 학교 예산 분배가 공정하게 이루어지고 있는지 꼼꼼하게 들여다보는 등 관악구의 교육 여건 개선을 위해 동분서주했다.

우리 관악구의 교육환경과 실물경제에 적잖은 영향을 미치는 제도 변화에 따른 과제가 우리 의원들에게 떨어졌다. 로스쿨 제도의 도입으로 사법시험이 2016년을 마지막으로 폐지될 운명에 처해진 것이다. 나는 누구보다 앞장서서 주민들의 뜻을 모아 사법시험 존치를 요구했다. 로스쿨은 막대한 학비가 들어가는 과정이어서 특단의 보완 조치 없이는 우리 사회가 이제 경제적인 약자는 법조인이 될 수 없는 구조에 갇히고 마는 것이다. 그렇게 되면 법은 점점 약자보다는 강자를 보호하는 도구로 악용되어 불평등이 심화될 것이다.

이런 구조적 문제 말고도 2009년 로스쿨 제도 시행 이후 이미 신림동 고시촌 일대를 중심으로 급속한 공동화 현상과 더불어 상권 붕괴 현상이 나타나기 시작해 대책이 시급한 상황이었다. 그래서 나는 종합 대책 방안을 마련하여 여론을 환기시키고 최소한 부분 존치라도 이끌어내고자 전심전력을 기울였다. 현재 로스쿨 제도의 현실을 보면 당시 내가 지적하고 염려한 그대로 부작용이 나타나고 있다. 로스쿨 제도 자체의 개선과 사법시험의 발전적 부활은 앞으로도 계속 논의되어야 할 과제다.

나는 2016년 서울시의회 예산결산특별위원회 위원장으로 활동할 때 대한민국 위민의정대상 '주민참여부문 우수상'을 수상했다.

주민과 활발하게 소통하면서 청원, 진정, 민원 등의 과제를 적극적이고도 합리적으로 처리한 공을 인정받은 것이다. 서울시의회에서는 "예산결산특별위원회 위원장직을 모범적으로 수행하고 예산 심사를 통해 소외계층의 삶의 질 확보에 직간접적으로 연결되는 예산 확보에 노력한 점을 높이 샀다"고 했다. 의정대상에 응모한 100여 명의 전국 지방의원들 가운데서 뽑혀 수상한 것이니 큰 영광이다.

나는 그 무렵 실제로 민간 어린이집에 근무하는 보육도우미 처우 개선, 골목상권 활성화, 소상공인 종합 지원, 금융복지상담 센터 설치

이춘원 신림선 경전철 비대위원장 감사패 전달식

지원, 소외계층 노인복지 증진, 시각장애인의 재능 발휘를 위한 한빛효정예술단 지원, 장애인 자립생활센터 운영비 지원 예산을 추가로 확보해 지역사회 활성화와 시민 복지 증진을 꾀했다.

나는 대한민국 의정대상을 수상하기 전에도 주민을 위한 적극적

인 의정 활동과 지역사회에 끼친 공로를 인정받아 매니페스토 약속대상을 3년 연속 수상하고, 전국지역신문협회 의정대상 등을 수상했으며, 2015년에는 4번의 의정상을 수상했다.

나는 지역 정책을 고안하고 수립하여 제안하면서 주민들이 처한 상황과 지역의 특색을 치밀하게 고려했다. 좋아 보인다고 무조건 남들 따라 늘어놓는 정책들과는 차원이 달랐다. 가령, 나는 "최고 인재들을 중심으로 하는 청년벤처타운을 건설해 헬스케어시티를 마련하고 항노화 · 뷰티산업 등 의료, 제약, 바이오헬스의 블루 존 구축" 방안을 마련하여 밝힌 바 있다.

관악구의 인구 분포 특성을 고려한 정책 개발이다. 당시 관악구

지역 교육 현안에 관해 조희연 교육감과 함께

52만현재 54만 인구 중 65세 이상 노인 인구 가 14%, 20~30대 청 년 인 구 가 37%였다. 노령 인구뿐 아니라 1인 가구 청년 인구 비율도 높아 양 세대를 아우르는 정책을 고안하여 제시한 것이다.

05

실천 가능하고 현실에 맞는 정책 구상

정치인이 내놓는 공약公約은 거의 다 공약空約이라는 놀림을 듣는다. 부끄러운 일이다. 얼마나 공약을 안 지켰으면 이런 놀림을 당할까. 그래서인지 정치인은 거의 사기꾼 취급을 당하기도 한다. 전국 대학생을 대상으로 한 설문조사단수로 대답에서도 정치인은 신뢰도에서 압도적인 꼴찌였다.

'정치인을 불신한다'는 대답이 무려 85.3%였고, '신뢰한다'는 대답은 2.6%에 그쳤다. 안타깝다. 이렇게 정치인이 불신을 사고서는 정치가 바로 설 수 없다. 불신은 정치인이 자초한 일이니, 그 불신을 지우고 신뢰를 사는 일도 정치인의 몫이다.

정치인이 불신을 사는 것은 정도는 차이는 있겠지만 우리나라만의 일은 아니다. 시대를 막론하고 어디서나 정치인에 대한 불신은 팽배했다.

1959년 소련의 공산당 서기장 후르시초프가 미국을 방문했다. 그는 기자회견 자리에서 "정치인은 무엇을 하는 사람이냐?"는 질문을 받고 이런 명언을 남겼다.

"정치인은 어디를 가나 똑같지요. 강이 없는데도 필요하다면 다리를 놓아주겠다고 약속하는 사람들입니다."

자본주의 국가에서 정치인이 일삼는 거짓말, 즉 공약空約을 냉소적으로 풍자한 말이다. 자본주의 체제를 야유하려는 의도에서 한 말이지만 말 자체만 놓고 보면 참으로 뜨끔한 지적이다.

프랑스를 대표하는 정치인인 드골도 정치인은 거짓말을 밥 먹듯이 한다는 사실을 자인하는 말을 남겼다.

"정치인은 자기 스스로가 한 말도 결코 믿지 못한다. 그러므로 다른 사람들이 그의 말을 믿어줄 때는 스스로 놀라기도 한다."

이처럼 정치인이 거짓말쟁이라는 이미지는 동서고금이 따로 없지만 우리나라 정치인의 거짓말은 지나친 면이 있다. 평소에도 그렇지만 특히 선거 때는 얼토당토않은 거짓말을 대놓고 일삼는다. 공약의 재탕, 삼탕, 짜깁기, 베끼기는 기본이다. 무슨 수를 쓰든 일단 선거에서 이기고 보자는 것이다.

승자 독식 시스템에서 과연 일단 이기고 나면 많은 거짓말이 유야무야 덮이고, 고난을 딛고 일어선 감동의 드라마만 남는다.

선거구 주민을 위한 화려한 정책들이 봇물처럼 터졌다가 선거가 끝나기 무섭게 물거품으로 꺼진다. 선거철만 되면 전국이 온갖 이름을 붙인, 연출된 공사 기공식으로 시끌벅적하다. 기공식이야 실제로 공사를 바로 시작하는 것이 아니므로 청사진 차원의 공사를 갖고 얼마든지 연출하여 보여줄 수 있다.

문제는 우리 유권자들 역시 정치인의 이런 거짓말이나 기만에 익숙해져 있다는 것이다. 으레 그러려니 한다는 것이다.

그래서 여전히 정치인의 허풍이 통하고, 심지어는 합리적인 공약보다 더 매력적으로 어필한다.

가령, 올해 경제성장률이 2%에 머물 것이 확실하고 향후 세계 경제 여건으로 보아 내년에는 마이너스 성장으로 돌아설 것이 유력한 상황이라고 하자. 이때 정확한 분석에 따른 최선의 대비로 올해 성장률 수준인 2%는 지켜내겠다는 후보보다 근거도 없이 성장률을 대뜸 7%로 끌어올리겠다고 큰소리치는 후보에게 환호하고 표를 몰아주는 해프닝이 벌어진다. 이명박 후보의 '747공약'도 그런 허풍이었지만 그냥 먹혀들었지 않은가.

정치인에 대한 유권자의 이런 불신을 누구보다 잘 알고 있던 나는 정치인에 대한 신뢰를 회복시키고자 무던히도 애썼다. 서울시 의원으로 재직하던 8년간 선거 공약을 거의 모두 이행한 사실이 나의 노력을 증명한다.

그렇게 쌓인 나에 대한 주민들의 신뢰는 여전하다. 나는 여기서 우리 정치의 희망을 본다. '신뢰를 쌓으면 공약을 남발하지 않아도 선택을 받을 수 있겠구나' 하는 희망.

나는 먼저 '그 사업이 우리 지역, 주민에게 꼭 필요한 사업인가' 부터 면밀히 따졌다. 별 필요도 없이 예산만 축내는 사업이라면 주민들이 아무리 혹할성 싶어도 공약으로 삼지 않았다.

다음으로는 '그 사업이 실현 가능한가'를 따졌다. 아무리 좋은 사업이라도 여러 가지 여건상 실현할 수 없다면 허위성 공약이 될 뿐이다. 그것은 주민을 기만하는 행위다. 정치인에 대한 불신은 바로 이런 데서 온다.

마지막으로 나는 그 사업이 꼭 필요하고 실현 가능한 사업이라도 현실에 맞도록 조합하고 조절한 뒤에 내놓았다. 필요한 정도에서 모자라지도 넘치지도 않게 조율한다는 얘기다. 그래야 교각살우矯角殺牛의 어리석음을 범하지 않는다.

예전에 소를 키우면서 보면 가끔 뿔이 비뚤게 자라는 소가 있다. 그런 쇠뿔을 교정한다는 것이 지나쳐 그만 소를 죽이고 마는 것을 교각살우라고 한다. 정책도 마찬가지다. 지나치면 안 하니만 못하게 된다. 그래서 수위 조절이 필요하다. 4대강 사업도 마찬가지였다. 물론 이 사업이야 구상부터가 잘못된 것이지만, 강을 살리는 사업이라 해놓고 강을 파헤치고 틀어막아 환경오염은 물론 환경 파괴의 주범이 되었다.

3장

앞서가는 정책,
찾아가는 정책

일회성 이벤트는 아무리 해봤자 누구의 마음도 사지 못한다.

오히려 속보이는 짓이라며 손가락질이나 받지 않으면 다행이다.

그럼 어떻게 해야 하는가? 답은 명확하고도 쉽다.

흉내가 아니라 진정성으로 서민의 마음과 민생을 헤아리고 보살피는 것이다.

시장이고 노인정이고 목욕탕이고 선거 때가 아니라도 일상처럼 가서

낮은 자세로 듣고 보살피다 보면 저절로 서민의 친구가 된다.

이럴 때만이 비로소 그들의 친구가 되고 그들의 목소리를 대변할 수 있다.

정치인의 가장 중요한 경쟁력은 청렴

청렴이 정치인을 비롯한 공직자에게 요구되는 덕목의 전부는 아니지만 가장 중요한 덕목인 것만은 틀림없다. 정치인의 청렴은 헌법에 규정된 최고의 의무이기도 하다. 어느 시대를 막론하고 부패한 정치인은 몰락을 면치 못했다. 나아가 그런 정치인이 판치는 사회는 끝내 망하고 말았다.

공직자의 부패는 연원이 깊다. 해방 후에 정부가 수립되었으나 공직자의 부패를 막을 뚜렷한 장치가 없었다. 이승만 정부는 부정부패의 온상이었는데, 전쟁이라는 국가의 존망이 걸린 위기상황에서 부패의 극치를 보여주었다.

한국전쟁이 한창이던 1951년 국군의 고위 장교들이 국민방위군의 국고금과 군수물자를 대거 착복함으로써 50만 방위군 가운데 최소한 5만 명 이상이 얼어죽거나 굶어죽고 20만여 명이 동상에 걸렸다. 이처럼 정치가 부패하면 군인까지도 부패하여 나라를 들어먹는 일이 생긴다. 더 큰 문제는, 경천동지할 사건이 벌어졌음에도 정부에서는 사건을 은폐하고 축소하는 데 급급하여 전쟁 중에 국력을 소모한 일이었다. 왜 정치인이, 공직자가 청렴해야 하는지를 극명하게 보여준 사건이었다.

그래서 오랜 세월이 지난 2002년 부패방지법이 시행되고 관련 위원회가 설치되었으나 공직자의 부정부패는 끊이지 않았다. 2010년, 수십 명 이상의 검사들이 향응과 금품을 관행처럼 받아온 '스폰서 검사' 비리가 발각되었지만 대가성과 직무관련성이 없다는 등의 이유로 무죄를 선고받자 강력한 처벌 법 제정을 요구하는 민심이 비등했다.

마침내 2015년 이른바 '김영란법'으로 불리는 청탁금지법이 제정되고 개정을 거쳐 2018년부터 시행되었다. 그러나 청탁금지법의 중요한 축인 '이해충돌방지' 조항이 법안에서 빠진 것은 두고두고 아쉬운 대목이었다. 그러다가 2021년 4월에야 이해충돌방지법이 국회상임위를 통과했다니, 늦었지만 그나마 다행한 일이다.

우리 역사에서 청렴한 공직자의 본보기는 헤아릴 수 없이 많다.

황금 보기를 돌같이 하라던 고려의 최영 장군, 공사의 구분이 엄정했던 조선 선비의 표상 이현보, 오성대감으로 널리 알려진 조선의 명재상 이항복 등이 대표적인 청백리였다.

그럼 왜 정치인에게 가장 중요한 경쟁력은 청렴이라고 했을까? 바로 유권자인 국민이 공직자, 특히 정치인의 제1덕목으로 청렴을 꼽고 있기 때문이다. 정치인이라면 일단 선거에서 국민의 선택을 받아야 정치 일선에서 일을 할 수 있으니, 유권자의 인정을 받고 마음을 사는 것이 가장 큰 경쟁력일 것이다.

우리 헌법 제46조 1항은 "국회의원은 청렴의 의무가 있다"는 것을 명시한다. 정치인은 국민의 의사를 반영하고 국가를 더 나은 방향으로 이끌기 위해 국민에게 권한을 위임받은 우리의 대표자들이므로 당연한 의무다.

언론에서 총선을 앞두고 국민을 대상으로 정치인이 가장 먼저 갖춰야 할 덕목이 무엇인지를 묻는 설문조사를 실시했다. 그랬더니 45%가 '청렴'이라고 응답했다. '전문성'이 35%로 그 뒤를 이었다. 우리 국민이 정치인의 청렴에 얼마나 목말라 있는지를 보여주는 대목이다.

지난 2021년 4월에 치러진 보궐선거를 보고 일본 호세이대학 법학과 야마구치 지로 교수가 쓴 칼럼이 인상적이다. 그 가운데 한 대목이다.

정세균 총리실 방문

"최근 치러진 한국의 양대 도시 서울과 부산 시장 보궐선거에서 야권 후보가 압승해 문재인 정부는 큰 타격을 입었다. 필자는 한반도에서 평화를 만들기 위해 노력하고 있는 문 대통령에게 공감을 가져왔기 때문에 선거 결과엔 유감이다. 그러나 문재인 정부에서 토지개발을 둘러싼 권력 남용과 부정이익 추구가 이뤄진 이상 국민들이 분노하고 정부와 여당을 심판하는 투표를 한 것은 당연하다고 생각한다. 민주주의란 실패하거나 죄를 지은 권력자를 경질

하기 위한 구조다. 한국 시민들은 민주주의라는 무기를 행사하면서 종종 거만한 권력자를 벌해왔다. 그 점은 일본에서 보면 매우 부럽다.

정치적 의사표시에 대해 일본과 한국 국민은 대조적이다. 정치인이 실패와 부패를 계속해도 국민이 행복하면 그만이라는 생각도 있을 것이다. 그러나 국민이 정치에 대한 분노와 불만을 표현하는 것을 주저하는 사이 일본의 국력은 점점 떨어지고 있다.

부패한 정치인을 규탄하는 일이 일시적 불만 해소로 그친다면 정치적 의사표시는 의미가 없게 된다. 정치의 문제를 시정하는 것을 계기로 정책을 재검토하고 국가의 진로를 전환하는 방향으로 이어지는 것이 중요하다."

부패한 정치인이나 정치 세력을 단호하게 심판하지 않는다면 결국 나라가 기운다는 지로 교수의 진단은 새겨들을 만하다.

고정관념을 버리고 발상을
전환해야 한다

국회의원도 그렇겠지만 지자체의원은 더욱이 지역구 활동에 소홀할 수가 없다. '지역구민들이 뽑아주어야 의원이 되는 것이니 당연한 거 아니냐'고 할 수 있지만 꼭 표를 의식해서만 지역구 활동을 하는 것은 아니다.

국회의원은 자기가 살아온 동네가 아닌 곳에 출마하여 당선된 경우가 많지만 지자체의원은 거의 모두 자기가 오래 뿌리를 내리고 살아온 동네에서 출마하여 당선된 사람들이다. 그러니 지자체의원도 한 사람의 주민으로서 애초부터 지역에 대한 애정이 바탕에 깊게 깔려 있다. 그러므로 지역구 활동에 열심인 것은 지역발전이 주민들이 바라는 방향으로 잘 되기를 바라는 마음에서 우러나온 바도 크다.

지역마다 적잖은 현안과 문제를 안고 있겠지만 특히 우리 관악구는 모든 인프라가 열악한 환경이 문제이고 그에 따른 문제들 또한 산적해 있고, 이해당사자들 간의 갈등 요인도 적잖이 안고 있다. 많은 문제들은 행정상의 노력으로 해결될 수도 있지만 정치적으로 풀어야 하는, 미묘하고도 복잡한 문제들도 있다. 많은 경우 문제 해결에서 고정관념을 넘어선 발상의 전환이 요구된다. 상식적으로는 풀기 어렵다는 것이다.

따지고 보면 상식선에서 해결될 문제들은 굳이 정치력을 발휘할 필요가 없다. 그렇지 못하게 될 때 필요한 것이 정치력이다. 그래서 정치와 정치인이 고정관념이나 상식의 완고한 테두리에 갇혀 있으면 정작 간절하게 필요할 때 아무것도 못하게 된다. 정치력 제로인 무능한 정치인이 되는 것이다.

고정관념이란 지나치게 일반화되고 고착화된 사고방식을 말한다. 다시 말해, 어떤 집단이나 그 집단 구성원들의 전형적 특징에 관한 신념이다. 고정관념은 어떤 사회나 그 구성원이 지니고 있는 도식, 어떤 대상이나 개념에 관한 조직화되고 구조화된 신념에 크게 의존한다.

우리 인간은 사회화 과정을 통해 각기 다른 문화에서의 신념 체계를 습득하고 이를 통해 문화에 대한 확고한 관념이 굳어진다. 바로 고정관념이 형성되는 것이다. 고정관념은 사람의 인상을 형성하는 데 크게 영향을 미치고 선입견이나 편견을 부과하기도 한다. 나아가 끔찍한 분쟁이나 극단적인 인종차별 같은 심각한 사회문제를 일으키기도 한다.

고정관념은 흔히 '상식'에 많이 기대고 있는데, 여기에 사로잡혀 있으면 무엇보다 현재 자기가 처한 상황이나 인식에서 한 걸음도 더 나아갈 수 없거나 그 한계를 벗어날 수 없다는 것이 문제다. 특히 어떤 문제를 해결하는 데 있어서는 심각한 장애를 초래한다.

그러므로 누구보다 유연한 사고가 요구되는 정치인은 고정관념에 붙들려서는 안 된다. 정치에서의 문제는 거의 대개 선입견이나 고정관념으로부터 생기고, 그 문제의 해결을 어렵게 하는 것도 고정관념이기 때문이다.

"바보들아, 문제는 경제야 It's the economy, stupid.."

1992년 미국 대통령 선거에서 민주당의 빌 클린턴 후보 진영이 내걸어 선거를 승리로 이끈 유명한 문구다. 그럼, 정치는 문제가 아니고 경제만 문제란 말인가?

어찌되었든 이 말은 그럴듯해 보이지만 엄밀히 따져보면 내용

없는 선동 문구에 불과하다. 선거에서 이런 간결하고도 자극적인 선동 문구는 구체적이고 진실한 공약 문구보다 훨씬 잘 먹힌다. 사실 경제든 사회든 결국 정치 문제로 귀결된다. 경제 정책을 입안하고 법으로 제도화하는 것 역시 정치의 영역이고 정치인이 하는 일이기 때문이다.

그래서 나는 클린턴 선거 진영에 그들이 던진 구호에 대해 이렇게 돌려주고 싶다. "바보들아, 경제도 결국 정치 문제야." 그만큼 정치는 우리 삶과 떼려야 뗄 수 없는, 늘 끌어안고 살 수밖에 없는 기본 조건이다.

이제 우리 정치인이 참신한 발상과 진실한 태도로 정치를 정치가 가진 본연의 자리로 돌려놓아야 한다. 그래야 정치가 부정적인 이미지를 벗고 우리 일상의 친구로 돌아올 수 있을 것이다. 지금껏 '정치'만큼 그릇된 고정관념으로 얼룩진 말도 없을 것이다. 그런 잘못된 고정관념을 정치에서 말끔하게 벗겨내는 것이 나를 비롯한 우리 정치인이 가장 시급하게 해야 할 일이지 싶다.

상대를 인정하는 정치,
상생을 추구하는 정책

"새는 좌우의 날개로 난다."

우리 시대 '사상의 스승'으로 불리는 리영희 선생의 책두레, 1994 제목으로 유명해진 이 말은 정치가 어떠해야 하는지에 대한 핵심 명제라고도 할 수 있다.

리영희 선생의 책은 좌든 우든 정치적·이데올로기적 권력이 진실을 은폐·날조·왜곡하려는 것에 맞서 진실을 들추고, 그것을 원래 모습 그대로 밝혀내는 글을 담고 있지만, 책 내용과는 별개로 이 말은 어떤 국가나 조직체 모두가 금과옥조로 삼아야 할 진리가 되었다. 그런데 "새는 좌우의 날개로 난다"는 말의 원조는 미국의 시민운동가 제시 잭슨 목사라고 할 수 있다. 잭슨은 미국 흑인 인권 운동의 큰 획을 그은 마르틴 루터 킹 목사의 뒤를 이은 지도자로서, 흑인 문제와 인종 차별로 야기되는 경제적 불평등에 관심을 집중시켰다. 그는 1984년 미국 대통령 입후보 경선에서 사회의 제도적 병폐를 고쳐야 한다고 주장하기도 했다. 그때 자칭 우파라고 하는 인사들이 그를 '좌파'라고 비난했다. 그러자 잭슨이 점잖게 타일렀다.

"여보시오들, 하늘을 나는 저 새를 보시오. 저 새가 오른쪽 날개로만 날고 있소? 같은 크기의 왼쪽 날개가 있어서 저리 멋있게 날 수 있는 것 아니오."

그렇다. 새는 양 날개, 즉 오른쪽 날개와 왼쪽 날개가 있어서 날 수 있다. 마찬가지로 국가 공동체나 정치도 좌파와 우파가 새의 양 날개처럼 균형을 이뤄야 건강하게 오래 갈 수 있다. 좌든 우든 한쪽 날개만 판치는 세상은 몇 걸음 못가서 망하게 되어 있다. 헌정 질서와 야당의 존재를 파괴해버리고 사실상 일당 독재 시대를 연 우리의 유신체제가 그렇게 망했고, 소련과 동유럽 사회주의국가들이 그렇게 몰락했다.

인류 역사를 살펴보더라도 동서고금을 막론하고 적절한 견제와 균형이 이루어진 정치와 조직이 건강한 모습으로 오래갔다. 개인이나 사회단체도 그렇지만 무엇보다 국가를 경영하는 정치는 대등하게 경쟁하는 맞수가 반드시 필요하다. 그래야 물이 고이지 않고 활기차게 흐르게 된다. 고인 물은 반드시 썩게 마련이고, 맞수 없는 강자는 교만하여 본분을 잃고 해악을 끼치게 마련이다.

그런데 요즘의 우리 정치를 보면 두 거대 정당이 서로를 인정하지 않으려는 모습을 자주 보이고 있다. 야당이 필요한 견제로 국정의 균형을 잡기보다는 '묻지 마' 식 트집 잡기로 국정의 발목을 잡는 일이 횡행하는 가운데, 여당은 그런 야당을 설득하지 못한 나머지 무시해버리고 현안을 독단으로 처리하는 일이 잦아졌다. 어떤 면으로든 바람직하지 못한 일이고, 민주정치에서 위험한 신호다.

물론 핑계가 있을 수 있다. '상대를 인정하고 싶어도 상대가 말도 안 되는 억지를 부리면서 막무가내로 나오니 어쩔 수 없다'는 핑계다. 하지만 그럴수록 더욱 정치가 필요한 게 아닌가. 양쪽 상대는 서로 권력을 다투는 경쟁 상대이니, 상대방의 흠을 들추고 공을 깎아내리고 심지어는 잘못하기를 바라는 건 당연한 일일 수 있다. 애초에 이런 살벌한 환경에서 상생을 추구해야 하는 것이 정치고, 대화와 타협을 통해 최상의 결과를 이끌어내는 것이 정치력 아니겠는가.

서로 상대를 인정하고 상생의 정치를 추구하는 과정에서 상대가 합의를 무시하고 뒤통수를 칠 수 있다는 의심을 가질 수 있다. 그래서 기를 쓰고 서로 상대를 무력화시키려 하는 일이 벌어진다. 지난 번에도 당했는데 이번에 또 당할 수 없다는 기류에 휩쓸려 서로 한 치도 양보하지 못하는 대치 국면이 길어지고 반복되면 원래의 논점은 흐려지고 감정싸움만 남아 정치는 한 걸음도 앞으로 나아가지 못한다. 그러는 사이에 정치에 대한 국민의 불신은 깊어지고 민생은 더 어려움에 빠진다.

정치인이 싸우느라 정치가 잘못되면 결국 그 피해는 고스란히 국민에게 돌아간다. 그러니 설령 상대에게 뒤통수를 맞는 한이 있어도 상대를 믿고 대화와 타협과 상생의 정치를 해야 한다. 만약 상대가 계속해서 신의를 어기고 배신의 정치를 일삼는다면 그에 대한 심판은 유권자인 국민의 몫이라 생각된다. 정치인은 국민을 믿고 그저 국민만 바라보고 정치의 정도를 걸으면 된다.

총선이 끝나고 국회가 열리려면 먼저 국회가 구성되어야 한다. 의장단과 상임위원장이 선출되고 상임위 배정을 마쳐야 한다. 그 과정에서 여야 정당들의 상임위원장 각축전이 치열하다.

이럴 때 본인이 속해 있는 당이 탐내는 상임위원장을 가져오지 못하면 무슨 커다란 정치적 패배라도 당한 듯 야단법석인데, 국민에게 한 약속을 지키느라 그렇게 소란을 떠는 모습은 잘 보지 못했다. 진정한 정치의 승리란 맞수를 상대해서는 적당한 양보에 있고, 국민을 상대해서는 민심에 따르고 공약을 충실히 지키는 데 있지 않을까 싶다.

힘없는 다수의 목소리를
대변하는 것이 정치

선거철만 되면 평소에 보지 못하는 진풍경이 여기저기서 펼쳐진
다. 평소에 재래시장 근처에도 가지 않던 정치인들이 민방위복 같
은 점퍼를 입고 자기 선거구 내에 있는 시장을 찾아 서민 흉내를
낸다. 상인들과 어깨동무를 하고서 하트를 날리거나 순대, 어묵을
소탈하게 먹는 모습을 연출하여 폼 나게 사진을 찍는다. 다음 코스
는 고아원이나 노인정이다. 이름도 모르는 아이들 볼에 뽀뽀를 하
며 인자한 웃음을 짓고, 생전 처음 보는 어르신 앞에 넙죽 큰절을
하며 천연스레 효자 노릇을 한다.

후보가 참모들과 함께 그렇게 지역구를 한바탕 휩쓸고 지나가면
남는 건 사진이고, 그 사진은 각종 홍보물에서 서민의 친구 노릇을
한다. 이런 걸 보면 정치인은 역시 서민에게 잘 보여야 많은 표를

얻을 수 있다고 생각하는 모양이다. 응당 그렇기도 하고 그마저도 이해가 된다. 하지만 그런 뻔한 서민 흉내는 흘러간 유행가처럼 유권자들로부터 외면받기 십상이다. 더 중요한 것은, 이제 서민들도 더 이상 그런 삼류연기에 속지 않는다는 것이다. 그럼에도 모든 정치인들은 '다들 그렇게 하는데 나만 안 하면 서민과 동떨어진 후보라는 평이 날까봐' 선거철만 되면 그런 삼류 연기를 하고 돌아다닌다.

이런 일회성 이벤트는 아무리 해봤자 누구의 마음도 사지 못한다. 오히려 속보이는 짓이라며 손가락질이나 받지 않으면 다행이다. 그럼 어떻게 해야 하는가?

답은 명확하고도 쉽다. 흉내가 아니라 진정성으로 서민의 마음과 민생을 헤아리고 보살피는 것이다. 시장이고 노인정이고 목욕탕이고 선거 때가 아니라도 일상처럼 가서 낮은 자세로 듣고 보살피다 보면 저절로 서민의 친구가 된다. 이럴 때만이 비로소 그들의 친구가 되고 그들의 목소리를 대변할 수 있다. 서민들이, 힘없는 사람들이 진정으로 원하는 것이 무엇인지 알 수 있기 때문이다. 이 야말로 진정한 정치인이고 진정한 정치다.

왜 우리 정치인은 대부분 진정한 정치인이 되지 못하고 선거 때만 되면 표를 얻기 위한 수단으로만 정치인 흉내를 내는 걸까? 왜 정치를 국민에게 봉사하는 직분으로 삼지 못하고 출세의 사다리로 삼으려 할까? 사실 '직업 정치인'이 드물기 때문이다. 직업 정치인이 드문 것은 정당이 직업 정치인을 양성하지 못하기 때문이다. 정당들은 직업 정치인을 양성하는 대신 선거 때마다 선거 승리를 위해 명망가들을 '영입'하여 전면에 내세우기 바쁘다. 그러니 직업 정치인이 성장할 토양이 없다. 명망가들로 채워진 정치판에는 정작 정치 전문가가 없다. 정치 초짜들과 아마추어들이 정치를 좌우하는 것이다. 이런 우리의 정치 현실은 독일의 정치에 비춰 보면 그 취약성이 확연히 드러난다.

독일에서 연방하원 의원이 되려면 보통 10년 이상, 장관이나 총리가 되려면 20년 이상의 정치 경력이 필요하다. 그러니까 선출직 정치인은 오랜 기간에 걸쳐 다양한 형태로 충분히 검증된 정치 전문가다.

독일의 총리들과 장관들 면면을 보면 거의 모두 청소년 때 정치권에 들어와 정치판에서 전문성을 키우고 잔뼈가 굵은 사람들이다. 그만큼 정치인의 전문성이 중시되고, 청소년 시절부터 정당 활동을 통해 정치인으로 성숙한다.

독일에서는 예술가나 연예인이 정치인이 되는 일은 거의 없으며, 판검사를 하다가 국회의원이 되는 경우도 극히 드물다. 방송

아나운서나 신문사 데스크도 마찬가지다. 그만큼 정치인의 전문성이 중시되기 때문이다.

그러나 우리나라에서는 정반대다. 어떤 분야에서든 이름이 크게 알려지거나 돈이 아주 많거나 하는 명망가들이 주로 정치인이 된다. 그들은 대체로 자기 직업 분야에서는 매우 잘나가는 사람들이고, 치열한 경쟁에서 살아남은 승자들이다.

그러나 정치에 관해서는 문외한이다. 그야말로 정치의 '정' 자도 모르는 청맹과니다. 그런 사람들이 단숨에 국회의원이 되고 당 대표가 되고 장관 총리가 되고 나아가 대통령이 되는 것은 문제가 많다. 개인의 출세는 이어갈지 모르겠지만 정치인으로서 국가 사회에 기여하기에는 전문성이나 역량이 너무 떨어지기 때문이다.

이번 21대와 마찬가지로 국회는 대대로 초선 국회의원 비율이 절반에 이를 정도로 높지만, 그들이 국회의원의 역할을 성공적으로 수행하는 경우는 드물다. 대개 시행착오를 반복하다가 정치를 조금 알 만하면 4년 임기가 끝난다.

정치는 상대를 인정하고 서로 이해관계를 조정하는 것이 본질인데, 선악의 이분법으로 상대를 무조건 적대시하는 것은 잘못이고, 그 전에 그것은 이미 정치가 아니다.

정치인이라면 복잡하게 얽힌 문제를 조정하고 해결책을 제시할 수 있어야 한다. 그러려면 전문지식과 더불어 토론하고 설득하여 의견을 조율하는 능력, 서로의 입장을 헤아리는 포용력이 필요하다. 이는 대학 교수나 판·검사를 지냈다고 해서 지닐 수 있는 능력이 아니다. 오랜 기간에 걸친 다양한 정치적 학습과 경험 그리고 훈련을 필요로 하는 일이다.

정치인에게 무엇보다 필요하고 중요한 일은 자신을 뽑아준 당원이나 유권자들의 의사를 제대로 파악하여 책임 있게 대변하는 것이다. 구체적으로 여러 집단 사이, 또는 집단과 개인 사이의 대립에서 지지층의 이해관계를 반영하면서 갈등을 조정하고 해소하는 것이 정치인의 과제다.

이런 과제를 처리하려면 복잡한 사회현상에 대한 이해가 필요하다. 경제나 사회문제에 정통하려면 정치인은 그 누구보다 열심히 공부해야 하고, 다양한 전문가들과 토론하는 일을 게을리해서는 안 된다. 또 의견이 다른 이들을 설득하려면 다양한 정당 활동과 사회 활동을 통해 훈련이 되어야 한다.

즉, 정치인은 다양한 문제들에 대해서 열정을 가지고 균형 감각을 살려서 이해관계를 조정할 수 있어야 한다. 그런데 우리 정치인들은 정작 다른 일로 바쁘다.

양비론은 중립이 아니다

양비론兩非論이란 서로 대립하는 양쪽의 주장이나 태도를 모두 그르다고 하는 견해나 입장을 말한다. 쉽게 말해서 '양쪽 다 틀렸다' 는 말이다. 그러나 진정한 언론인이라면 양비론으로 여론을 호도하거나 언론인으로서의 책임감을 팽개치고 양비론 뒤에 숨어서 자신의 안일을 도모하지 않아야 한다. 그것은 정치인도 마찬가지다. 세상에 시비를 가려야 할 일은 분명히 옳고 그름이 따로 있다. 분란이 벌어진 일에 너도 잘못이고 나도 잘못인 일은 없다.

분명히 한쪽에 잘못이 있고, 그 한쪽이 책임져야 하는 일이다. 흔히 양비론은 가해자나 힘 있는 자들이 자신의 잘못이 너무도 명백해서 숨기거나 부정할 수 없을 때 피해자나 힘없는 자를 끌어들여 양쪽 다 잘못이라는 식으로 '물 타기' 하는 수법이다.

본질과는 상관없는 일을 끌어다가 본질을 흐리고 가리는 것이다. 그러면 비판과 비난의 화살은 본질이 벗어나 엉뚱한 곳으로 향한다. 유력 정치세력과 유착한 학자나 언론인이 단골로 써먹어 상당한 효과를 보는 수법이다.

대기업 재벌 회장의 부당해고에 맞서 노조에서 파업을 벌였을 경우, 문제의 본질은 '부당해고'에 있다. 그런데 노조가 파업을 벌이는 과정에서 사소한 법 조항을 어긴 것을 두고 회사가 불법파업으로 몰아 노조를 공격하면서 이슈를 부당해고에서 불법파업으로 몰아간다. 이럴 경우 재벌 편을 드는 측은 노조의 '불법파업'만을 드러내어 공격하고, 사건의 본질에 충실한 측은 회사의 부당해고를 정확히 겨냥하여 문제를 제기한다.

이럴 때 어김없이 양비론이 등장한다. 대개 양심 있는 척하는 언론인, 학자, 정치인이 양비론으로 본질을 흐림으로써 실상은 강자인 가해자 편을 든다. 어쩌면 내놓고 가해자 편을 드는 측보다 훨씬 교활하고 사악한 방법이다.

양비론은 언뜻 중립을 지키는 성싶지만 실은 강자 편에 서서 약자를 공격하는 야비한 짓이다. 양비론은 시비를 가리는 것을 교묘하게 방해하여 애초에 잘못을 저지른 집단을 비호하기 때문이다. 또 '양측 다 잘못했으니 서로 양보해야 한다'는 현실성 없는 주장을 통해 필요한 의사결정까지 가로막는다. 그러니 양비론이 해법이 될 리 만무하다.

우리 언론이나 지식인은 양비론을 좋아한다. 여당과 야당, 진보와 보수, 우파와 좌파를 가리지 않는다. 양비론을 통해 자신이 중립을 지키는 것이라고 진심으로 생각하는 사람은 많지 않을 것이다. 대개는 알면서도 양비론을 악용하는 것이다.

양비론은 두 집단의 의견이 서로 충돌할 때 양측 의견 모두가 틀렸다거나 두 집단의 행동이 모두 잘못되었다고 주장하는 것을 말한다. 주로 두 집단이 충돌할 때 어느 편에도 동의하지 않는 제3의 집단이 양비론을 펼친다고 생각하기 쉽지만 사실은 거의 그렇지 않다.

양비론은 사실상 강자의 편에 서서 강자를 옹호하는 것이다. 양비론은 무엇보다 중립적이거나 객관적일 수 없다. 두 집단이 대립할 때 그들 사이에는 반드시 우열의 차이가 있다. 양비론으로 두 집단을 모두 비판하면 양측 모두 같은 타격을 입을 것 같지만 그렇지 않다. 강자는 기껏 살짝 긁히는 정도의 상처에 그치겠지만 약자는 회복 불능의 상처를 받을 것이기 때문이다. 자칫 오해하기 쉬운데 양비론은 사안의 중심과 균형을 잡는 중용中庸과는 아무 상관이 없는 개념이다.

'양측 모두 옳다' 는 양시론兩是論도 있는데, 근본은 양비론과 다르지 않다. 양비론처럼 중립을 가장한 말장난이기 때문이다.

양비론은 불의에 눈을 감는 논리를 제공한다는 점에서 나쁘다. 그리고 문제 해결을 더욱 어렵게 만든다는 점에서도 나쁘다.

양비론은 기회주의자나 보신주의자의 좋은 방편이다. 이들은 양비론으로 어느 쪽 비위도 건들지 않음으로써, 다시 말해 어느 쪽 편도 들지 않음으로써 이후에 언제든지 자신의 출세나 보신에 유리한 집단을 골라 가담할 수 있는 것이다. 전형적인 기회주의적 처신이다.

그래서 나는 무슨 일이든 나의 소신과 입장을 분명하게 밝힌다. 늘 그 기준은 지역주민의 복지이거나 편의 또는 이익이다. 나는 정치인으로서 지역주민의 삶에 부정적인 영향을 주는 일이라면 기를 쓰고 막아왔고, 반대로 좋은 영향을 주는 일이라면 기를 쓰고 성사시키려 노력했다.

내가 정치를 하는 행위의 출발점도 지역주민이고 도착점도 지역주민이다. 주민의 입장에서 좋으면 좋은 것이고, 주민의 입장에서 나쁘면 나쁜 것이다. 그러니 내 정치에서 양비론은 없다. 나는 늘 주민의 입장이 될 것이다.

4장

우리 동네 관악구,
현실과 비전

우리 관악에는 세 가지 보물이 있다.
첫째는 50만 관악구민, 둘째는 서울의 3대 명산인 관악산,
셋째는 서울대학교이다. 이 세 가지 보물을 잘 활용한다면
우리 관악구의 미래는 결코 어둡지 않다. 비전이 있는 것이다.
나는 무엇보다 먼저 우리 관악구민의 저력을 믿는다.
그리고 구민들이 살아온 터전에 쌓인 역사와 전통의 역량을 높이 평가한다.

다시 서다

서울시의회 의원으로 재직하던 나는 지난 지방선거에서 관악구 청장에 출마했지만, 예비후보로 그쳐야 했다. 그때 나는 출마 기자회견에서 구정을 이끌 3대 기조를 발표하고 향후 5대 공약과 10대 목표를 발표하여 비전을 현실로 구현할 구체적인 방안을 제시하고자 했다.

관악구를 탈바꿈시킬 새로운 비전으로 제시한 3대 기조는 광범위한 벤처타운 조성으로 첨단도시 구현하기, 미래 도시로의 발전을 위한 계획 수립과 실행, 미래의 먹거리가 될 우수한 지식문화의 창조적 변화 일으키기가 그 뼈대다.

관악에서 살아온 세월이 어느덧 반세기를 바라보니, 사실 이곳 관악의 토박이나 마찬가지인 나는 늘 동네 주민들과 함께하면서 관악산을 오르내리면서 땀을 흘리고, 시원하게 흐르는 관악산 물줄기에 땀을 닦으며, 꿈과 희망을 키웠다. 내 아이들은 이곳 관악에서 태어나 자랐으니 관악이 고향이다. 그러니 내 삶에서 관악을 빼고 나면 거의 의미가 없을 정도로, 관악은 내 삶의 의미이자 터전이다.

내가 살아오는 지금껏 내내 관악에서의 하루하루는 모든 것이 경이롭고 의욕이 넘쳤다. 나는 관악 주민들 덕분에 지난 8년여의 의정 활동을 보람있게 수행할 수 있었고, 주민들의 변함없는 관심과 응원 덕분에 지난 지방선거 실패 이후 4년을 힘차게 건너올 수 있었다. 이제 그 과분한 사랑과 신뢰에 보답할 시간이 가까워지고 있다.

나는 서울시의원 시절에 도시계획관리위원과 교통위원회위원, 예산결산특별위원장, 도시안전건설위원과 비영리민간단체 보조금 관련 조사특위위원장, 정책위원장을 거치면서 수많은 정책토론회와 대책회의, 의정 질의와 조례 발의를 통해 주민들의 숙원사업을 하나하나 추진하고 이루고자 분투했다.

그 가운데 2015년 기획재정부 민간투자사업심의위원회를 통과함으로써 성사된 신림선 경전철 사업은 관악 주민들과 함께 이룬 가장 가슴 벅찬 성공이다. 서울 경전철 신림선은 여의도 샛강역에서 관악산역을 잇는 노선이다. 도로 확장이 한계에 달하고 중전철을 건설하기에 수요와 재정이 부족한 상태에서 서울 남부지역의 대중교통난 해소와 1호선, 2호선, 7호선, 9호선과의 연계를 통한 서울 동·서·북측 교통망을 구축해 도시교통 문제를 해소하기 위해 추진한 것이 서울 신림선 경전철 사업이다.

2016년에 착공하여 2022년인 올해 개통 예정인 이 노선이 개통되면 신림동 일대에서 여의도를 비롯한 주요 지역으로 이동하기가 한결 편리해진다. 신림동에서 여의도까지 40여 분 걸리는 시간이 절반인 20여 분으로 줄어든다. 게다가 역세권 주변으로는 상권 형성과 개발 촉진 효과도 기대할 수 있다.

그 밖에도 신봉터널 사업 진행, 강남순환도로 개통, 신림역 에스컬레이터 설치, 해마다 장마철만 되면 범람하는 도림천에 대한 해결책으로 저류조 설치, 충무교 확장, 동방1교 재설치, 신림역 주변 지구단위계획, 289 종점 차고지 이전, 관내 각급 학교 내의 1급 발암물질인 석면 제거, 전기선 교체, 소방시설 점검 및 교체, 경로당 건립, 도림천 복개 철거로 생태하천 복원 및 산책로 확장, 서울대입구역까지의 신림선 연장 추진 등 실제 주민의 편의와 안전에 직결된 현안 해결에 발 벗고 나섰다.

나는 이처럼 서울시의원으로서, 우리 관악구 발전을 위해 주민

생활에 밀접한 사업예산 지원이나 관악구의 발전을 위한 각종 사업예산 확보에 온 힘을 기울였으며, 특히 집행기관인 구청과 서울시를 잇는 역할에 모든 힘을 쏟아 적잖은 성과를 올렸다.

그러나 관악구에는 많은 현안이 미결로 남아 있어 아직 갈 길이 멀다. 지금까지의 관행과 행정 역량으로는 그 미결 과제의 충실한 해결을 기대하기가 어렵다는 여론도 높아가고, 내가 보기에도 그런 측면이 있다. 이제 지방행정이 바뀌어야 하고 관악이 바뀌어야 할 때다.

구체적으로 들어가 보면 일자리는 여전히 부족하거나 질이 낮고, 도시계획 역시 답습을 벗어나지 못하고 있다. 교통안전 상황도 개선되었다고는 하지만 여전히 열악하다. 이런 상황은 우리 관악구의 생산력이 아주 낮은 데에 기인하는 부분이 크다. 관악구는 일반주거지역이 49.5%, 준주거지역 2.4%, 녹지지역이 46.8%인 데 반해 상업지역은 1.3%뿐이고 준공업지역은 아예 전무하다. 자족기능이 거의 없다는 얘기다. 우리 관악구가 지속하여 발전하려면 부가가치를 창출하는 서비스 산업과 제조산업 기반부터 다지고 확충해나가야 한다. 그래서 나는 일찍이 구정을 이끌 3대 기조로 광범위한 벤처타운 조성으로 도시 첨단산업 육성을 중점으로 내세운 것이다.

관악구에서는 해마다 16~20% 인구가 이동한다. 그 가운데 대다수가 좋은 주거환경이나 교육환경을 찾아 떠나는 안타까운 현실이다. 이런 현실을 되돌려 우리 관악구가 밖에서 찾아오는 교육도시가 되도록 충분한 인프라를 구축하여 최상의 교육환경을 갖춰야 한다. 또 다음으로는 우리 관악구가 청년은 물론이고 노인에게도 살기 좋은 활발한 도시환경을 갖춰야 한다. 청년들은 마음껏 활개 치고, 노인들은 훈훈한 노후를 누리는 행복한 관악구가 되도록 지혜를 모으고 힘을 합하는 리더십이 어느 때보다 절실한 때다.

관악구의 50만 주민 가운데 65세 이상 노년인구가 전체의 14%에 이르고, 20~30대 청년 인구는 37%에 이른다. 노령화가 급속하게 진행되면서, 청년세대의 인구비율도 높아져 양 세대에 대한 현실적인 정책이 절실한 상황에 이르렀다.

우리 관악에는 세 가지 보물이 있다. 성실하고 꿋꿋하고 부지런한 52만여 관악구민이 첫 번째 보물이다. 서울의 남쪽을 지키고 우뚝 서서 자연재해로부터 주민을 지켜주는 관악산이 두 번째 보물이다. 세계적인 대학교이자 자타가 공인하는 국내 최고의 대학인 서울대학교가 세 번째 보물이다. 이렇게 천시와 지리와 인화가 똘똘 뭉쳐있는 관악에서 새로운 관악을 만들고자 한다면 길어도 10년 안에는 괄목할 만한 일이 일어날 것이다.

미래 비전을 보다

　나는 앞에서 우리 관악에 세 가지 보물이 있다고 했다. 첫째는 50만 관악구민, 둘째는 서울의 3대 명산인 관악산, 셋째는 서울대학교이다. 이 세 가지 보물을 잘 받들고 활용한다면 우리 관악구의 미래는 결코 어둡지 않다. 비전이 있는 것이다. 나는 무엇보다 먼저 우리 관악구민의 저력을 믿는다. 그리고 구민들이 살아온 터전에 쌓인 역사와 전통의 역량을 높이 평가한다.

　우리 관악에는 크고 작은 전통시장이 동네마다 오랜 전통을 이어오고 있다. 전통시장은 정이 가득해서 비록 물건을 사고파는 곳이지만 그 장마당은 소통과 꿈을 찾는 공간이자 정을 나누는 공간이기도 하다. 새벽바람에 일거리를 찾아나섰다가 돌아오는 퇴근길을 처음 반갑게 맞아주는 데도 전통시장이다. 주인 할머니의 훈훈한 인심을 안주로 막걸리 한잔에 목을 축이고는 돼지고기 한 근 끊어 들고 집으로 가는 길을 배웅하는 곳도 전통시장이다. 전통시장은 이웃과 만나 안부를 묻는 소통의 공간이기도 하지만 지친 발걸음을 쉬어가는 휴식의 공간이기도 하다. 이런 전통시장들이 가진 나름의 특색을 잘 살려 활성화한다면 우리 관악구 발전의 좋은 사례가 될 것이다. 예로부터 사람이 북적여야 흥한다고 했다.

그러고 보니 우리 관악을 대표할 만한 역사 인물도 있다. 강감찬 장군이다.

우리 전쟁사에서 3대 대첩이라면 을지문덕의 살수대첩, 이순신의 한산대첩과 함께 강감찬의 귀주대첩을 꼽는다. 강감찬은 거란의 수십만 대군을 귀주에서 섬멸하고 고려를 구한 것이다.

귀주대첩을 승리로 이끈 장수라서 강감찬을 무관으로 알기 쉽지만, 사실 강감찬은 예부시랑, 한림학사, 중추원사, 이부상서 등을 지낸 문관이다.

관악구는 지난 2019년 귀주대첩 1000주년을 맞아 남부순환로 시흥IC부터 사당역까지 7.6km 구간을 특화하여 '강감찬대로' 로 명명하였다. '강감찬 도시 관악' 으로 브랜드화하기 위해 명예도로명을 부여한 것이다. 강감찬로는 관악로, 신림로와 함께 관악의 대표도로다. 현재는 몇몇 시설물과 안내 표지판만 보일 뿐이고, 무룷을 칠 만한 창조적 상상은 보이지 않는다. 관악의 미래 성장을 이끌 신실크로드로 강감찬대로를 조성해야 할 것이다.

우리 구의 낙성대가 강감찬 장군의 출생지다. 장군이 태어날 때 커다란 별이 떨어진 곳이라 하여 후대 사람들이 낙성대라고 이름을 붙였다고 한다.

급변하는 세상에서 흘러간 것은 다 구닥다리 취급을 받게 마련이지만, 오래된 것 중에는 오늘날 더 향수를 부르고 사무치게 그리워지게 마련이다.

우리 관악구에는 골목마다 오래된 극장이 있었다. 지금은 없어졌지만, 봉천극장과 신림극장이 있었다. 예전에 관악을 설명하는 키워드 중 하나가 '봉천동 달동네'였지만 아직도 관악구 곳곳에는 달동네가 있다. 삼성동 삼성시장, 청룡동 영림시장 주변이 대표적인 달동네다. 그런 지역은 1970년대 수준에서 성장이 멈춰 있었지만 봉천극장은 가난한 연인들의 꿈과 눈물, 사랑의 무대였다. 바로 이런 오래된 것들을 잘 살리면 현재는 물론 다가올 미래에도 발전의 실마리나 바탕이 될 수 있다.

어느 사회나 문화 자산이 풍부해야 선진사회다. 우리 관악구에도 간송미술관이나 리움미술관에 버금가는 박물관이 있는데, 바로 호림박물관이다. 국보 8점을 비롯하여 1만5,000여 점의 문화재를 소장하고 있는 굴지의 박물관인데도 대중에게는 거의 알려지지 않았다. 설립자 호림 윤장섭 선생은 개성상인의 후예로, 광복 직후와 한국전쟁의 혼란기에 쏟아져 나온 많은 문화재가 국외로 유출되거나 소실되어 가는 것을 안타깝게 여겨 우리 문화재를 수집·보존하기 위해 사재를 들여 박물관을 열었다. 이런 명물을 널리 알려 문화도시로서 관악의 위상을 세운다면 관악을 살리는 멋진 일이고 구민의 자랑과 자부심이 될 것이다.

신림중학교 체육관 준공식

앞에서도 언급했듯이, 관악의 또 다른 보물은 관악산이다. 높이 629m의 이 산은 빼어난 자태와 울울한 계곡으로 인해 관악 주민은 물론 서울 시민의 큰 사랑을 받고 있다. 관악산은 서울 금천구, 경기도 안양시·과천시와도 접해 있으며, 원각사·연주암·자왕암·불성사·삼막사·관음사 등 신화와 전설이 곳곳에 숨어 있다. 관악산은 아주 높은 산은 아니지만, 골짜기마다 아름다운 풍광을 보여주는 산으로 흔히 금강산에 비교되었다. 이런 빼어난 자원이 제대로 활용되지 못하고 있다는 기분이 드는 건 '나만의 기우'일까?

끝으로 큰 자랑이 서울대학교다. 대한민국을 대표하는 연구중심 세계적 대학인 서울대학교는 미래를 개척하는 지식공동체라는 비전으로 새로운 도약을 모색하고 있다.

2019년 4월 현재 교직원은 5,533명, 재학생은 2만7,784명이다. 연간 예산 규모는 1조1,094억여 원이다. 세계대학 QS 랭킹은 아시아 14위, 세계 37위다. 관악구는 서울대와 교류 협력을 강화하여 지역 발전을 도모하고 있다. 주민들은 서울대학교가 관악의 섬이 아닌 자랑이 되길 기대하고 있다.

5장

지방자치단체장의
모든 것

지자체장은 지역주민에 대한 봉사자로서 역할을 충실히 수행할 준비가
되어 있어야 한다. 지자체장으로서 기본이자 최고의 자질이다.
그러므로 특권의식에 사로잡힌 사람, 편가르기를 일삼는 사람은
지자체장이 될 자격이 없다.
지방행정은 지역주민에게 화합적 차원에서 봉사하는 일이기 때문이다.

지방자치단체장의 지위 및 권한

　지방자치단체의 장은 해당 지방자치단체를 대표하고, 집행기관으로서 지방자치단체의 고유사무와 국가의 위임사무를 관리·집행한다.

　국가사무의 위임으로 말하면, 시·도와 시·군 및 자치구에서 시행하는 국가사무는 법령에 다른 규정이 없으면 시·도지사와 시장·군수 및 자치구의 구청장에게 위임하여 행하는 것을 말한다. 또 자치단체의 사무관리 및 집행권으로 말하면, 지방자치단체의 사무와 법령에 따라 그 지방자치단체의 장에게 위임된 사무를 관리하고 집행하는 것을 말한다.

　위에서 말한 것처럼 지방자치단체장은 관련 법령에 근거하여 다음과 같은 지위와 권한을 갖는다.

첫째, 지방자치단체 수장으로서의 지위다. 여기서 지방자치단체의 수장은 법률 행위에 있어서 지방자치단체를 외부에 대해서 대표하는 것을 말한다.

둘째, 지방자치단체 최고집행기관으로서의 지위다. 지방자치단체의 장은 지방자치단체의 최고집행기관으로 지방자치단체의 사무를 총괄하고, 지방자치단체 사무를 그의 책임 하에 처리한다.

셋째, 국가 또는 상급자치단체의 하급지방행정기관으로서의 지위다. 지방자치단체장은 지방자치단체 수장으로서의 지위를 고유한 것으로 하면서 국가 또는 상급기관의 위임사무를 수임·처리하는 국가 하급기관의 지위를 부가적으로 가지고 있다. 또 지방자치단체장의 권한은 지방자치단체의 기관구성 방식에 따라 다르기는 하지만, 우리나라의 경우 다음과 같은 권한을 갖는다.

즉, 대표 및 사무통할권, 단체위임사무 및 기관 위임사무 처리권, 소속 지방행정기관 및 관할 자치단체에 대한 지휘·감독권, 소속직원에 대한 임명 및 지휘·감독권, 지방의회 의결사항에 대한 제안권, 규칙제정권, 선결처분권 등을 가지고 있다.

사무의 일부를 위임할 수 있는 권한

지방자치단체의 장은 조례나 규칙으로 정하는 바에 따라 그 권한에 속하는 사무의 일부를 보조기관, 소속행정기관 또는 하부행정기관에 위임할 수 있으며, 또 관할 지방자치단체나 공공단체 또는 그 기관사업소 · 출장소에 위임하거나 위탁할 수 있다.

직원에 대한 임면권 등

지방자치단체의 장은 소속직원을 지휘 · 감독하고 법령과 조례 · 규칙으로 정하는 바에 따라 임면 · 교육 · 훈련 · 복무 · 징계 등에 관한 사항을 처리한다.

선결처분권

지방자치단체의 장은 지방의회가 성립되지 않은 때와 지방의회의 의결사항 중 주민의 생명과 재산 보호를 위하여 긴급하게 필요한 사항으로서 지방의회가 성립되지 않은 때, 지방의회를 소집할 시간적 여유가 없거나, 지방의회에서 의결이 지체되어 의결되지 않은 때는 선결처분을 할 수 있다. 선결처분은 지체하지 않고 지방의회에 보고하여 승인을 받아야 한다.

규칙제정권

지방자치단체는 법령의 범위 안에서 그 사무에 관하여 조례를 제정할 수 있다. 다만, 주민의 권리 제한 또는 의무 부과에 관한 사항이나 벌칙을 정할 때는 법률의 위임이 있어야 하며, 지자체장은 법령 또는 조례가 위임한 범위 안에서 그 권한에 속하는 사무에 관하여 규칙을 제정할 수 있다. 조례와 규칙의 입법 한계로서 시·군 및 자치구의 조례나 규칙은 시·도의 조례나 규칙을 위반하면 안 된다.

제안권

지방자치 법령은 지자체장이 지자체의 대표자로서 당해 지자체의 사무와 법령에 따라 위임된 사무를 관리·집행하는 데 필요한 행정기구를 설치할 고유한 권한과 이를 위한 조례안의 제안권을 갖도록 하는 데 반해, 지방의회가 지자체장의 행정기구 설치 권한을 견제하도록 지자체장이 조례안으로 제안한 행정기구의 축소, 통폐합의 권한을 갖는 것으로 하고 있다.

지방의회 의원이 지자체장이 조례안으로 제안한 행정기구를 종류 및 업무가 다른 행정기구로 전환하는 수정안을 발의하여 지방의회가 의결 및 재의결하는 것은 지자체장의 고유 권한 행사에 대해 사전에 적극적으로 개입하는 것으로 보아 허용되지 않는다.

지자체장은 지방의회의 의결이 월권, 법령 위반 또는 공익을 현저히 해친다고 인정되면 그 의결사항을 이송 받은 날부터 20일 안에 이유를 붙여 재의를 요구할 수 있으며, 재의결된 사항이 법령에 위반된다고 인정되면 대법원에 소訴를 제기할 수 있다 지방자치법 제 107조 제1·3항.

그에 반해 지방의회는 해당 지자체의 사무에 대하여 감사를 실시하고, 지자체의 사무 중 특정 사안은 본회의 의결로 본회의나 위원회에서 조사하게 할 수 있으며, 감사 또는 조사를 위해 필요하면 지자체장에게 참고인으로 의견을 진술하도록 요구할 수 있다 지방 자치법 제41조 제1·4항.

지방자치단체의 사무

지자체는 다음과 같이 관할 구역의 자치사무와 법령으로부터 위임받은 사무를 처리한다.

사무의 종류	내용
지자체의 구역, 조직, 행정관리 등에 관한 사무	- 지방도(地方道), 시군도의 신설·개수(改修) 및 유지 - 주거생활환경 개선의 장려 및 지원 - 농촌주택 개량 및 취락구조 개선 - 자연보호활동

	- 지방하천 및 소하천의 관리
	- 상수도 · 하수도의 설치 및 관리
	- 간이급수시설의 설치 및 관리
	- 도립공원 · 군립공원 및 도시공원, 녹지 등 관광 · 휴양
	  시설의 설치 및 관리
	- 지방 궤도사업의 경영-주차장 · 교통표지 등 교통편의시설
	  의 설치 및 관리
	- 재해대책의 수립 및 집행
	- 지역경제의 육성 및 지원
	- 관할 구역 안 행정구역의 명칭 · 위치 및 구역의 조정
	- 조례 · 규칙의 제정 · 개정 · 폐지 및 그 운영 · 관리
	- 산하(傘下) 행정기관의 조직관리
	- 산하 행정기관 및 단체의 지도 · 감독
	- 소속 공무원의 인사 · 후생복지 및 교육
	- 지방세 및 지방세 외 수입의 부과 및 징수
	- 예산의 편성 · 집행 및 회계감사와 재산관리
	- 행정장비관리, 행정전산화 및 행정관리개선
	- 공유재산관리(公有財産管理)
	- 가족관계등록 및 주민등록 관리
	- 지방자치단체에 필요한 각종 조사 및 통계의 작성

주민의 복지증 진에 관한 사무	- 주민복지에 관한 사업 - 사회복지시설의 설치 · 운영 및 관리 - 생활이 곤궁(困窮)한 사람의 보호 및 지원 - 노인 · 아동 · 심신장애인 · 청소년 및 여성의 보호와 복지증진 - 보건진료기관의 설치 · 운영 - 감염병과 그 밖의 질병의 예방과 방역 - 묘지 · 화장장(火葬場) 및 봉안당의 운영 · 관리 - 공중접객업소의 위생을 개선하기 위한 지도 - 청소, 오물의 수거 및 처리 - 지방공기업의 설치 및 운영

농림 · 상공업 등 산업 진흥에 관한 사무	- 소류지(小溜池) · 보(洑) 등 농업용수시설의 설치 및 관리 - 농산물 · 임산물 · 축산물 · 수산물의 생산 및 유통지원 - 농업자재의 관리 - 복합영농의 운영 · 지도 - 농업 외 소득사업의 육성 · 지도 - 농가 부업의 장려-공유림 관리 - 소규모 축산 개발사업 및 낙농 진흥사업 - 가축전염병 예방 - 지역산업의 육성 · 지원 - 소비자 보호 및 저축 장려 - 중소기업의 육성 - 지역특화산업의 개발과 육성 · 지원 - 우수토산품 개발과 관광민예품 개발
지역개발과 주민 생활환경시설의 설치 · 관리에 관한 사무	- 지역개발사업 - 지방 토목 · 건설사업의 시행 - 도시계획사업의 시행
교육 · 체육 · 문화 · 예술의 진흥에 관한 사무	- 유아원 · 유치원 · 초등학교 · 중학교 · 고등학교 및 이에 준하는 각종 학교의 설치 · 운영 · 지도 - 도서관 · 운동장 · 광장 · 체육관 · 박물관 · 공연장 · 미술관 · 음악당 등 공공교육 · 체육 · 문화시설의 설치 및 관리 - 지방문화재의 지정 · 등록 · 보존 및 관리 - 지방문화 · 예술의 진흥 - 지방문화 · 예술단체의 육성
지역민방위 및 지방소방에 관한 사무	- 지역 및 직장 민방위조직(의용소방대를 포함)의 편성과 운영 및 지도 · 감독 - 지역의 화재예방 · 경계 · 진압 · 조사 및 구조 · 구급

지방자치단체장의 영향력

지방자치단체장은 지방자치단체의 행정을 맡아보는 우두머리다. 광역 지방자치단체에는 시·도지사가, 기초 지방자치단체에는 시장, 군수, 구청장 등이 있다. 지방선거를 통해 해당 지역 유권자가 직접선거로 선출하며 만 25세 이상이면 출마할 수 있다.

지자체장은 선출직이기 때문에 일반 공무원처럼 특정 직급을 갖지 않는다. 그러나 대우는 인구에 따라 해당 지자체의 부지자체장 직급보다 1등급 높은 보수를 받는다.

예를 들어, 인구 1,000만이 넘는 서울의 시장은 장관급 대우, 인구 180만인 전라북도의 지사는 차관급 대우, 인구 28만인 순천의 시장은 2급 이사관 대우, 인구 2만2,000인 장수군의 군수는 3급 부이사관 대우를 받는다.

1995년 민선단체장 출범 이후 민선 6기까지 광역 17곳과 227곳 기초 지방자치단체장의 역할이나 자질에 대해 부정적인 인식과 긍정적인 인식이 복합적으로 나타나고 있다. 그것은 바람직한 지자체장의 역할에 따라 해당 지자체의 발전이 좌우될 뿐 아니라 지방자치의 근본적인 취지와 이념을 살릴 수 있는지 여부가 판가름 난다고 보기 때문이다.

자치단체장의 관리활동, 법적 · 실제적인 권한과 지위를 고려하여 개인적인 자질과 능력의 면에서 역할 유형을 보면 정책가형, 행정가형, 경영가형, 정치가형으로 구분해볼 수 있다.

한국능률협회가 공무원과 주민을 대상으로 한 설문조사 결과 보고서에 따르면, 광역과 기초 지자체장의 가장 중요한 역할로 정책가형을, 가장 낮은 지자체장의 역할로 정치가형 역할을 제시하였다.

지자체장의 정책가형 역할을 수행할 수 있는 구체적인 능력에 대한 응답결과를 보면 비전 제시, 행정 수요 대응, 정책 개발, 환경 분석 능력 순위로 나타났다. 행정가형은 업무 파악, 위기 관리, 조직 장악, 행정개혁 능력 순위로, 경영가형으로는 권한 행사의 적절성, 경영 능력 및 수완, 국제 감각, 지역경제 지원 능력 등 순으로 나타났으며, 마지막으로 정치가형 역할의 경우는 주민통합 능력, 협상 조정, 자원 동원, 대외 교섭능력 순으로 나타났다.

이런 결과는 국제화, 정보화, 지방화, 전문화 등의 영향에 따른 빠른 사회 변화가 지자체에 미치는 다양한 위협적 요인에 지자체장이 적극적으로 대응할 필요성에서 나온 인식이다.

바람직한 민선 단체장 역할로 정책가형을 1순위로 제시한 이유를 들자면, 지자체는 현상 유지보다는 꾸준한 발전에 초점을 두어야 하기 때문이다. 공무원과 지역주민에게 미래에 대한 비전을 분명하게 제시하고, 주민과 공무원 모두 지역의 발전을 위하여 무엇을 해야 하는지 주체적으로 인식하여 다 같이 동참할 수 있도록 유도해야 하기 때문이다.

행정가형 역할도 지방 행정이 법령 집행 행정이고, 빈약한 재정력으로 운영해야 하는 실정을 감안하여 행정에 대한 단체장의 고도의 전문성과 기술성, 정보관리 능력 등 전문 행정 실무 능력을 필요로 한다. 많은 지자체가 국제적인 감각을 살려 직접 수익사업을 경영함으로써 재정 확충을 도모한 사례에서 나타나듯이 경영가형 역할도 매우 중요하다.

특히 주민의 다양한 이해관계를 조정하고 주민을 통합시키는 지자체장의 고유한 특권은 정치가형 역할을 통해 공무원들의 원활한 직무 집행이 가능하도록 지원하고, 무엇보다도 지방의회와 적극적이고 우호적인 관계를 형성하여 지역 내에서 발생하는 각종 문제에 대한 협의 노력을 극대화할 필요가 있다.

지자체의 자치 권한이 미약하고 열악한 재정 때문에 업무를 의욕적으로 추진하고자 하는 지자체장들에게는 한계 요인으로 작용하고 있다. 이에 더하여 시민 참여가 배제된 대의정치의 한계와 기존 정당 정치에 염증을 느낀 주민들의 무관심과 냉소적인 태도, 부패와 방만한 지방재정 운영 등으로 '민주주의 학교'라고 할 수 있는 지방자치가 위협받고 있는 상황이 벌어지기도 한다.

하지만 그렇다고 해서 지방자치 무용론까지 들먹여서는 안 된다. 어떤 경우라도 민주주의의 기초를 이루는 지방자치는 지켜져야 하며, 정치 발전의 출발점으로 삼아야 한다. 다만, 문제가 되는 것들은 제도와 운용의 개선을 통해 바로잡아 나가면 된다. 물론 산적한 지방자치의 많은 숙제를 해결하려면 적잖은 시간이 필요해 보인다. 그러니 이런 난제를 슬기롭게 해결하려면 무엇보다 그 중심에 역량과 자질을 갖춘 훌륭한 지자체장이 절실하게 필요하다.

지자체장에게는 정치가로서 자질과 행정가로서 자질이 동시에 요구된다. 두 가지 역할을 조화롭게 수행할 수 있는 정치인이 선출되는 것이 중요하다. 우리나라는 의회권력에 비해 지자체장의 권한이 상대적으로 크기 때문에 지자체장의 역량과 자질이 지역 발전과 성공적인 행정 운영에 더욱 크게 작용하기 때문이다.

지방자치제도가 본격적인 궤도에 들어서면서 지자체의 정책 활동이 활발해지는 가운데 지자체장이 지방의회보다 더욱 강력한 영향력을 행사하는 양상을 보인다고 했는데 거기에는 몇 가지 원인이 있다. 무엇보다 정책 결정과 실행 과정에서 지자체장의 역할이 지방의회에 비해 강력해진 까닭이다.

구체적으로 들여다보면, 첫째로는 정책 형성이나 집행 과정에서 지자체장이 주도적인 데 반해 지방의회의 역할이 미미하다는 것이다.

둘째로는 실행된 정책 평가에서 지자체장에 대한 지방의회의 통제력이 충분하지 못하다는 것이다. 이런 지자체장과 지방의회 간의 불균형 관계는 제도 차원의 문제라기보다는 운용 차원의 문제가 더 커 보인다.

그렇다면 지방의회가 지자체장에 대한 견제와 감시를 비롯하여 자기 영역에서 기대되는 역할을 제대로 수행하지 못하고 있다는 것인데, 이는 지방의회가 일정 부분 대표성을 상실하고 도덕적 해이에 빠졌다고 볼 수도 있겠지만, 대개는 정보 비대칭과 전문성 부족 및 의회의 보좌기능 취약 등에 따른 탓으로 보인다. 그러므로 지방의회가 제 기능과 역할을 충실히 수행하려면 지방자치제도와 운용의 개선이 필요하다.

　기초 지자체는 지방자치제도에서 풀뿌리 기능을 하는 각 시군구의 일선 행정기관이자 민주주의의 정치적 기초 단위로서 지역 주민에게 기초 행정 서비스를 제공할 뿐만 아니라, 지역 경제 발전을 견인하는 역할을 수행한다. 그러므로 정치 · 경제 · 행정 전반에 걸쳐 다양한 기능을 수행하는 기초 지자체를 책임지는 수장의 역할은 말할 수 없이 중요하며, 주어진 권한 또한 매우 크다. 따라서 기초 지자체장의 리더십은 지역 주민의 삶에 미치는 영향이 매우 크다고 할 수 있다.

　기초 지자체장의 경력 역시 주민의 행복에 영향을 미치는 것으로 나타났다. 기초 지자체장이 행정가나 경영자 같은 전문 경력을 가진 경우에 단순히 정치가일 때보다 주민의 행복감이 더 높은 것으로 나타난 것이다. 특히 경영자 출신의 지자체장이 재임하는 경우에 지역 주민의 행복이 가장 높은 것으로 나타났다. 또 지자체장이 재선인 경우보다는 초선인 경우, 야당 소속인 경우보다는 집권 여당 소속인 경우, 남성인 경우보다 여성인 경우에 주민 행복이 더 높은 것으로 나타났다.

지방자치단체장의 자질

지자체장이 지방자치를 제대로 수행하여 지역 주민의 삶을 나아지게 하려면 어떤 가치관과 자질 그리고 능력을 갖추고 있어야 할까?

지자체장은 지역 주민에 대한 봉사자로서 역할을 충실히 수행할 준비가 되어 있어야 한다. 지자체장으로서 기본이자 최고의 자질이다. 그러므로 특권의식에 사로잡힌 사람, 편가르기를 일삼는 사람은 지자체장이 될 자격이 없다. 지방행정은 지역 주민에게 화합적 차원에서 봉사하는 일이기 때문이다.

권위의식을 가진 사람은 봉사 행정을 하기 어렵다. 자기를 낮추고 지역 주민을 섬기며, 인기보다는 옳은 판단으로 행정을 처리하고, 주민이 필요로 하는 것을 먼저 찾아내서 해결하는 생활 행정에 뛰어난 단체장이 필요한 시대가 되었다.

지자체장은 정치 역량보다 행정 역량이 더 뛰어나야 하고, 업무의 비중도 우선 행정의 충실에 두어야 한다. 게다가 세계와 미래를 내다보는 능력과 안목으로 비전을 제시하고 실천할 수 있는 추진력을 갖춰야 한다. 또, 조직 구성원이 저마다의 역량을 최대한 발휘할 수 있도록 조력하는 리더십을 갖추고 주민들과 격의 없이 소통하는 민주적 성품이 필요하다.

무엇보다 지자체를 이끄는 리더는 정직해야 한다. 지역 주민의 복리와 지역 발전을 위해 정직하게 일해야 하기 때문이다. 약속을 어기거나 사람을 속여서는 안 된다. 공약을 충실히 실천하지 않거나 실천할 수 없는 공약을 남발하는 사람도 지자체장으로서는 자격 미달이다.

이처럼 기본 자질을 갖춘 리더가 경영 마인드와 전문 경험과 지식까지 갖췄다면 금상첨화라고 할 수 있다. 지자체장의 경영 마인드와 능력은 단순히 능률성만 강조하는 개념이 아니다. 합리성과 전문성, 책임감과 리더십, 그리고 모두를 아우르는 포용성까지 해당 지역 정서에 맞아야 하며, 해당 지역의 더 큰 발전을 이루기 위한 리더로서의 다양한 자질이 포함된다.

특히, 새로운 시대를 열어갈 리더는 지역의 문화와 특산품을 다른 지역과 전 세계로 확산시키는 세일즈 능력을 가지고 무한 경쟁 시대에 지역의 세계화를 달성할 능력을 갖춘 사람이어야 한다.

결국 지자체장은 지역 주민의 대표로서 주민의 신뢰를 받는 청렴성과 도덕성을 기본으로 전문성을 갖춰야 한다. 단체장은 인품이 훌륭할수록 더욱 강력한 리더십을 발휘할 수 있다. 아울러 주민 전체의 이익을 대변하는 대표성, 행정의 종합적인 수행 능력, 효율적인 지방 경영 능력이 요구된다.

이런 여러 사안을 깊이 고려하면 누가 훌륭한 단체장감인지 판별하기가 한결 쉬워질 것이다.

그런데 자리에 연연해서 너도나도 한번 지자체장을 해볼까, 하는 생각으로 출마하는 사람들이 늘어나고 있어 단체장의 품격을 떨어뜨리고 있는 실정이다. 적어도 한 지역을 이끌어 갈 단체장의 자질과 품격은 자기 자신이 가장 잘 알 수 있을 것이다.

우리가 살아가는 가정을 보더라도 아버지의 능력과 가치관이 한 가정을 좌지우지한다. 하물며 우리 지역의 미래를 책임져야 할 자리에 '아무나, 누구나, 너도나도' 등의 이름이 거론된다는 것은 우리 지역의 자존심이 걸린 문제다.

단체장이 어떤 생각을 가진 사람이 되느냐에 따라서 해당 지자체 전체 주민의 삶의 질이 높아질 수도 있고 낮아질 수도 있다. 아무튼 다음 지방선거에서는 여론몰이에 끌려가는 일은 없어야 할 것이다. 한 단체의 리더는 그 규모가 작거나 크거나 간에 기본적인 자격과 품격을 겸비한 사람이 되어야 한다.

예전에는 국제화라고 하면 중앙정부 차원에서만 생각하기 쉬웠지만, 갈수록 지방정부의 역할이 커지고 있는 추세다. 특히 우리나라처럼 국내 시장이 작은 경우에 지방이 사는 길은 지자체의 국제화 여부에 달려 있다 해도 과언이 아니다. 나라 전체로서도 활발한 지방화를 통한 세계화로 발돋움하는 것이 시급한 과제다. 지방화는 자율성과 다양성 그리고 창의성을 기초로 하여 국가 발전을 극대화하는 지름길이다.

우리의 지방자치는 인사, 조직, 재정 등 많은 제도적인 문제와 운영상의 문제점들을 내포하고 있는데, 지방자치가 제대로 정착하기 위해선 무엇보다도 '지방자치의 꽃' 이라 할 지자체장의 자질이 역할의 변화에 따라 재정립되어야 한다.

지방자치단체장에게 기대되는 자질은 지위와 관련하여 지방의회, 소속 공무원, 지역 주민, 중앙정치권, 다른 지자체와의 관계를 중심으로 생각해볼 수 있다.

지방의회와의 관계에서는 지자체장은 과거 행정 관료로서만이 아니라 지방정치가로 자리하여 지방의회와의 갈등을 해결할 수 있는 자질이 요구된다. 이와 동시에 지방의회에 대한 견제자로서의 역할과 집행기관의 정책집행자로서의 역할을 담당할 자질이 요구된다.

다음으로 소속 공무원과의 관계에서는 조직을 효율적으로 관리하고 집행해야 할 역할, 그리고 주민과의 관계에서는 주민집단 간의 이해관계가 대립될 경우 조정자로서의 역할을 수행할 수 있는 자질을 갖춰야 한다.

특히 중앙정부와의 관계에서는 초기 지자체의 지방자치 정착을 위해 분권화를 위한 역할을 떠맡을 기개와 강단이 필요하다. 다시 말해, 기존의 수직적인 행정 통제 관행을 수평적인 상호의존 관계로 전환시켜가는 혜안과 용기가 필요하다.

또, 중앙의 정치권과의 관계에서 당해 지방의 국회의원 및 중앙 정치권과 협력 관계를 유지하여 지역사회 발전의 실익을 가져올 수 있는 실용 정신도 갖춰야 한다. 그리고 다른 지자체와의 관계에서는 갈등과 분쟁을 줄이는 역량이 요구된다.

지방자치단체장의 관계 설정과
주민이 바라는 역할

지자체장의 리더십과 역량은 지자체가 관련된 이해관계자나 기관과의 효과적인 관계 설정으로부터 비롯한다. 그런 관계를 잘 설정하여 탄탄하게 정립하는 단체장은 신뢰를 얻게 되고, 그 신뢰를 바탕으로 주민 복리와 지역 발전을 위해 많은 일을 할 수 있다.

주민과의 관계

물론 단체장은 주민의 지지도에 따라 당선 여부가 결정되지만, 어느 누가 단체장이 되더라도 가장 중요한 것은 주민의 의사와 요구를 얼마만큼 이해하고 수용하여 의사결정에 반영하느냐 하는 것이다. 그 수용 정도에 따라 지방자치와 풀뿌리 민주주의의 실현 정도가 결정된다고 해도 과언이 아니다. 또, 단체장은 공개 행정,

참여 행정, 민주 행정으로 주민 참여를 활성화하여 지방행정에 주민의 의사를 적극적으로 반영할 책임과 의무를 진다.

중앙정부와의 관계

지방자치 발전을 저해하는 요인은 많다. 그 중에서도 가장 중요하고도 심각한 것은 '중앙정부와 지방정부의 관계' 다. 제도적 문제로는 전국을 획일적으로 통제하고 있는 지방자치법의 문제, 과도하게 중앙에 집중된 중앙집권적의 문제, 중앙정부에 편중된 행정 기능의 문제, 지방정부에 대한 중앙정부의 과잉 통제 문제 등이 있다.

다음으로 행태적 문제로는 중앙정부의 지방정부에 대한 편견과 오만 문제, 수도권 중심 언론기관과 시민단체의 지방자치에 대한 왜곡과 편견의 문제, 중앙정부와 수도권에 나약한 지방정부와 지역사회의 문제 등이 있다.

물론 이런 문제점들을 지자체장이 해결하기에는 제도적·현실적 한계가 뚜렷하겠지만, 그런 한계에도 불구하고 정치력과 행정력으로 그런 문제점들을 다소나마 개선할 여지는 있을 것이다. 대안을 모색하고 개혁 방안을 제시하는 능력이 요구되는 시대다.

그리고 지방자치 실시 이후 전개되어온 중앙·지방정부 간 재정

관계의 새로운 정립은 매우 중요하다.

양 정부 사이에 재정관계 재구축에 필요한 원칙으로는 재정 운영의 자율성과 책임성의 연계 강화, 양 정부 사이의 재정 관계 핵심요소에 대한 입법 조치 실현, 재정자원 활용의 효율성과 형평성의 조화 모색, 중앙·지방 사이의 협력적 상생 관계 확대와 갈등 최소화, 보조금제도의 종합적 연계성 확보 등 지자체장이 조율할 과제가 만만치 않다.

향후 중앙·지방정부 사이의 재정 관계를 합리적으로 재구조화하는 정책 방안으로는 보조금제도와 지방세 제도 간의 새로운 균형 모색지방세제도 강화, 보조금제도의 축소·개편, 지방의 세입 자율성을 높이는 일반보조금 기능 강화, 중앙·지방 사이의 재정관계 요소들에 대한 입법 조치 및 제도화, 보조금제도 운영의 중앙·지방정부 사이의 협력적 재정 관계 유도, 전체 보조금제도에 대한 종합관리 시스템 확보 등의 과제도 덧붙는다.

그렇다면 각 정당은 지자체장 후보로 어떤 인물을 발굴하고, 지역 유권자들은 어떤 인물에 표를 던져야 할까?

책임의식이 강한 인물

공공의 업무를 담당하고 공익을 추구해야 하는 사람의 언행이 일치하지 않고, 책임감이 부족하면 공직자로서 자격이 없다. 관료적이고 권위적인 인물보다는 민주적이면서 책임행정을 수행할 수 있는 인물이 우리 지역을 책임져야 한다.

절약정신이 강하고, 정의감이 투철한 인물

단체장은 주민의 세금을 받아 수천억 내지는 조 단위의 예산과 수백 명의 공무원을 운용·관리하는 책임자며, 지역의 발전을 도모하여 그 이익을 주민에게 환원시켜야 할 책임이 있다. 그러므로 주민의 혈세를 부당하게 사용하거나 낭비하는 일이 없고, 공익을 위해서는 자신을 희생하고 불의와 타협할 줄 모르는 인물이 단체장으로 적합하다.

누구보다 주민 눈치를 보는 사람

주민에 의해 뽑힌 단체장이라면 당연히 어느 누구보다 주민의 눈치를 보고 주민의 요구와 의사를 행정에 반영해야 한다. 그러나 단체장이 행정을 수행하는 데 주민보다는 소속 정당의 요구와 지시를 우선 고려한다면 지방자치는 정당의 야망을 채우는 도구로 전락하고 만다.

우리 정치 풍토에서는 지나친 정당 이기주의로 인해 지방 피해를 볼 수 있기 때문에 정당에 과잉 충성하는 후보자는 경계해야 한다.

기획력과 추진력이 뛰어난 인물

높은 학력, 학식보다는 풍부한 행정 경험을 가지고 있으면서 주민의 어려운 점, 원하는 점을 찾아서 해결해주고 추진하는 인물이 필요하다.

국제 감각이 있는 인물

중앙은 정책 집행을 지방에 의존하고, 지방은 그 재원을 중앙에 의존하는 상호 의존 관계로 변화되고 있다. 국가가 경쟁력을 추구하면 지방도 경쟁의 첨병으로서의 역할이 증대된다. 불확실성을 돌파하기 위해서는 자치 경영화가 세계화에 맞는 가치관, 지식, 기술 등의 자질을 구비한 인재를 찾아 지지할 필요가 있다.

그렇다면 주민이 바라는 지자체장의 역할은 뭘까?

예나 지금이나 먹고사는 문제가 가장 절실하다. 그래서 주민이 지자체장에게 바라는 역할도 '경제 리더'로서의 역할을 가장 크게 기대하는 것으로 나타났다.

어느 지역을 막론하고 민선 단체장이 지난 세월 동안 가장 주력해온 분야는 지역경제 활성화였다. 단체장의 절반이 단체장의 가장 중요한 자질을 '경제 마인드'로 꼽기도 했다. 자치단체장의 가장 중요한 역할로 무려 68.8%가 지역경제 발전을 꼽았다.

자치단체별 차별화된 정체성13%, 주민 이해관계 조정9.9%, 주민 복지를 위한 자치행정4.3% 등은 지역경제 발전에 비해 훨씬 뒤로 밀렸다. 특히, 광역단체장은 거의 모두를 한결같이 지역경제 발전을 가장 중요한 역할로 꼽았다.

이에 따라 현재 지자체가 해결해야 할 선결 과제로 지역경제 활성화가 절반에 가까울 만큼 압도적인 비중을 차지했으며, 지자체 공무원의 의식 전환, 환경 및 교통개선이 뒤를 이었다.

지자체장이 스스로 가장 필요하다고 생각하는 자질을 '경제 마인드'라고 답하는 것으로 보면, 지자체장들이 하나같이 지역경제 활성화에 정치적 사활을 걸고 있음을 알 수 있다. 통합조정 능력이나 행정 능력은 경제 마인드에 한참 밀린 다음이었다.

그런데 기초 단체장은 광역 단체장에 비해 통합조정 능력이나 행정 능력이 더 중요하다고 답하는 비율이 높았다. 이는 아무래도 기초자치단체가 광역자치단체에 비해 효과적인 지역경제 활성화 수단을 갖지 못하고 있기 때문인 것 같다.

향후 자치단체의 중점 과제에 대해 절반 이상이 지역경제 활성화라고 답했으며, 이어 지자체 비전 구축, 환경 및 교통개선, 자치단체별 차별된 정체성 확보 순으로 나타났다.

그러나 단체장의 향후 중요한 역할에 대해서는 10명 중 7명꼴로 '자치단체의 행정 집행자'라고 답한 데 반해 '지역발전'이라고 답한 단체장은 2명꼴에 불과했다. 이에 따라 향후 단체장에게 필요한 자질과 관련, 경제 마인드가 16.8%로 크게 낮아진 반면 통합 조정 능력이 42.9%로 높게 평가됐다. 행정 능력24.8%, 창의력13% 등도 중요한 자질로 꼽혔다.

그러나 현재 지자체장이 가장 많은 시간을 투입하는 부분은 지역경제 활성화를 위한 각종 활동이다. 이어 자치단체 비전 구축, 주민 이해관계 조정 순이다. 지자체장은 지방자치 활성화를 위해 해결돼야 할 장애 요인으로는 중앙정부와 지역 주민의 의식이 우선 바뀌어야 한다고 생각하고 있다.

지방의회 의식 변화, 재정 확보 등도 장애 요인이라는 단체장도 적지 않다. 특히 광역단체장은 중앙정부의 비협조를 가장 큰 장애 요인으로 꼽는다. 그런 반면 기초단체장은 지역 주민의 비협조적인 의식을 가장 큰 장애요인을 보고 있다.

지방자치를 정착시키기 위해서는 재정권 이양, 기초단체를 대하는 중앙정부의 자세, 인사권 이양 등이 우선 개선되어야 한다는 여론이 높다.

지자체장의 절반 이상이 당적이 불필요하다고 답한 부분은 향후 지방자치 변화와 관련하여 주목을 끌었다. 당적이 필요하다고 생각하는 지자체장은 전체 25%에 불과했다.

김장 나눔 행사

지방자치단체장이 갖춰야 할 리더십

지자체장은 지역사회의 다양한 갈등을 조정하고 분열을 통합해야 하며, 시민과 집단의 요구와 의지를 수용하여 결집시켜야 하고, 지역의 침체와 실패를 극복하도록 활기를 불어넣어야 한다. 그래서 지역 발전을 위한 진정한 순방향으로 모두가 뜻과 힘을 모아 나아가도록 이끌어야 한다.

지역 내에서도 다양한 갈등과 행정 수요가 쏟아지고, 전국적으로는 각 지자체들 간의 치열한 경쟁이 벌어지고 있어서 지자체장이 아무리 유능하더라도 혼자만의 힘으로는 주민 복리와 지역발전을 기대한 만큼 이루기는 어렵다.

지자체장의 경험이 아무리 풍부하고 행정 능력이 뛰어난들 지자체와 관련 조직의 공무원을 비롯한 구성원들이 현장에서 능동적으로 움직여 주지 않으면 지자체의 정책과 비전은 구현될 길이 없다. 그전에 지역사회에 관한 정보와 지식을 지역 내 오피니언 리더들과 더불어 나누지 못하거나 상시적 대화와 스킨십을 통해 주민과 공감대를 형성하지 못한다면, 좋은 정책을 수립할 수도 없거니와 설령 정책을 수립한다 해도 그것을 추진할 힘을 얻지 못하게 된다.

이런 모든 조건이 갖춰졌다 해도, 지역 행정의 공적 파트너이자 견제자이기도 한 지방의회의 지지를 받지 못하고서는 어떤 정책이나 사업도 실질적으로 추진할 수 없다. 더구나 의회는 본연의 역할이 단체장을 견제하고 감시하는 위치에 있으므로, 단체장으로서는 관계를 원만하게 설정하고 리더십을 발휘하기가 가장 어려운 상대다. 설상가상으로 의회를 상대 당 소속 의원들이 장악하고 있을 때는 더더욱 뛰어난 리더십, 즉 타협과 설득의 리더십이 요구된다.

과거 권위주의 시대에는 한때 강력한 리더십을 필요로 했지만, 지금은 토론하고 설득하고 협력하는 포용의 리더십을 필요로 한다.

지자체장의 직선이 실시된 이후 30년이 다 되어간다. 그동안 지역발전에 성과를 거둔 지자체가 있는가 하면 그러지 못한 곳도 있다. 그 차이는 지자체장의 리더십의 차이라고 봐도 과언이 아니다. 지금 우리는 지방화와 세계화가 더욱 진전되는 시대를 살아가고 있다. 그래서 가장 지방적인 것이 가장 세계적인 것이라는 말까지 생겨나고 있다.

이런 시대에 우리는 어떤 리더십을 가진 단체장을 필요로 할까? 어떤 리더십을 발휘한 지자체가 성공할까?

기업에서 최고경영자 역할이 절대적으로 중요하듯이 지자체장의 자질과 역할이 지자체의 미래를 좌우한다. 지자체장은 지자체의 업무를 폭넓게 이해하고, 지역에 대한 돈독한 애정이 있어야 하며, 그 지역의 미래에 대한 깊은 통찰력이 있어야 한다.

단체장은 독선을 배제하고 나누고 공유하고 소통하는 리더십을 발휘하는 유연한 사고를 지녀야 한다. 또, 창의와 열정으로 직원과 주민의 가슴에 불을 지를 수 있는 리더여야 한다.

일을 만드는 원초적인 힘은 열정이다. 그래서 지자체장의 역할은 주민과 공무원의 열정을 끌어내고 열정으로 지역을 가꾸어가는 것이다. 지자체장이나 몇몇 공무원의 열정이 아니라 지자체의 집단 열정을 만들어가는 것이 중요하다. 이 집단 열정을 만들려면 단체장의 헌신적인 노력이 필요하다.

또, 창의성이 충만한 조직을 만들어야 한다. 지자체의 경쟁력은 창의력에서 생긴다. 산업화 시대에는 비슷한 사고방식을 가진 동질적인 구성원이 똘똘 뭉쳐 열심히 일하면서 성과를 만들어냈다. 지금의 지식정보화 시대는 창의성과 혁신을 바탕으로 경쟁하는 시대다. 창의성이 충만한 조직을 만들려면 조직 내의 다양성을 키워야 한다. 오늘날 리더의 역할 가운데 하나가 다양성을 기반으로 한 창의적인 토양을 만드는 것이다.

지방의 다양성으로 활력과 창의성이 생기고 이 창의성을 기반으로 국가가 발전하는 것이다. 동서양을 막론하고 역사를 보면 지방의 다양성이 죽고 따라서 창의성이 결여되면 국가는 쇠퇴하는 사례가 숱하다.

특히 기초 지자체의 업무는 중앙부서나 상급 지자체의 위임사무와 자치사무를 일선에서 수행하는 방대한 종합 행정이다. 따라서 기초단체장은 지방행정에 대한 폭넓은 지식과 통찰력이 있어야 하고, 지자체가 문제로 안고 있는 특정 분야에서 전문가적 식견을 가질 필요가 있다.

이런 지방행정에 대한 전반적인 이해와 특정 분야의 전문가적 소양이 있어야 소신과 철학이 생긴다. 이 소신과 철학이 지자체 소속 공무원과 지역사회를 이끄는 힘이 된다. 이 힘을 근간으로 새로운 사업을 만들 수 있다.

종전의 리더십은 '나를 따르라' 라는 식의 권위적 리더십으로 효율성과 통제에 기반을 둔 행정에는 유효했겠지만, 발상의 전환을 기반으로 한 창조와 혁신의 행정을 펴야 하는 오늘날의 행정에는 전혀 통하지 않는 구태의연한 리더십이다. 오늘날의 리더는 좁게는 조직의 구성원, 넓게는 주민과 소통하고 나누고 공유하는 역할에 맞는 리더십을 갖출 것을 요청받고 있다.

미래 비전과 철학을 제시하는 리더십

하루가 다르게 급변하는 시대정신을 망각한 채, 현실성이 떨어지는 구시대 정책을 제시하는 단체장은 미래 지향의 리더와는 거리가 멀다. 선진 도시들이 미래 지향의 정책을 발굴하고 집행하기에 여념이 없는데, 구시대적인 토목건설 개발 공약을 남발하거나 주민의 삶의 질보다는 거창한 개발 정책으로 주민을 유혹하는 단체장에게 지역의 미래를 맡길 수는 없다. 따라서 지역사회의 특징을 반영한 미래 지향의 비전과 희망을 제시하는 리더를 선택하는 일이야말로 유권자의 사명이다.

예산 운용 능력을 가진 리더십

서울시 예산은 40조 원이 넘고, 기초단체 예산만 해도 적게는 수

천억 원에서 많게는 3조 원 대에 이른다. 대부분의 예산은 경상경비이거나 조건이 딸린 목적사업 예산이다. 따라서 주민이 낸 세금을 공정하고 낭비 없이 주민에게 환원하고 행정 낭비를 줄여 최소의 경비로 최대의 효과를 낼 수 있도록 해야 하는 것이 지자체장의 책무다. 적잖은 지자체들 사례로 보아 인기 영합의 재정 운용이 되면 안 된다는 것이 여실히 확인된다.

가용 자원은 한정되어 있는데, 자신의 재선에 도움 받을 요량이거나 다른 석연치 않은 이유로 대중에 영합하는 정책을 제시하고 막대한 예산을 낭비할 권한을 지자체장에게 부여한 것은 아니다. 지자체장은 예산이 소요되는 어떤 사업이든 오로지 주민 복리와 지역발전에 비춰 타당성과 실현 가능성을 따져 추진할 의무가 있다. 한편으로 단체장에게는 공공의 이익에 반하여 사적인 이권을 탐하는 지역 토호들의 요구나 심지어 협박에도 단호히 맞서는 용기와 결단의 리더십이 필요하다.

공무원 조직을 아우르는 리더십

공무원 조직으로부터 좋은 말만 듣는다고 해서 훌륭한 지자체장은 아니다. 관료사회 문화에 익숙한 공무원의 의식을 바꾸는 것도 단체장의 중요한 역할이며, 낡은 관습과 탁상행정의 구습에 빠져 있는 공무원을 혁신하고 개혁하도록 돕는 것도 단체장의 주요 책무이자 역할이다.

단호하게 NO라고 할 줄 아는 리더십

지자체장이 주요 지역 현안과 관련하여 부당하게 요구하는 특정 주민의 눈치나 보고 있어서는 안 된다. 미래 지향적이고 사업 타당성 검증에서도 전혀 문제가 없는 사안과 관련해서는 단체장이 단호하게 밀어붙일 수 있어야 한다.

반면에 그렇지 못한 사업에 대해서는 단호하게 'NO' 라고 할 수 있어야 한다. 다음 선거를 의식한 나머지 무사안일주의에 빠지거나 원칙도 없이 인기에 영합하게 되면 행정 불신을 자초하여 잘못된 이기주의를 조장한다는 점에서도 단체장으로서 자격 미달이다. 그러니 합당한 주민의 민원에 대해서는 귀담아 듣되, 이기심에서 억지를 부리는 민원에 대해서는 단호하게 대처하는 자세가 필요하다.

지방의회를 존중하는 타협의 리더십

지자체장이 정파적 이해관계 때문에 지방의회와 계속하여 갈등을 빚는 것은 결코 주민이나 지역을 위하는 태도가 아니다. 반면에 같은 당 소속이라고 해서 밀월 관계를 갖는 것 또한 바람직하지 않다. 단체장과 의회는 불가근불가원不可近不可遠의 관계, 즉 너무 가깝지도 너무 멀지도 않게 적당한 거리를 유지하는 관계가 되어야 한다. 협력할 일은 타당성을 따져서 협력하되 서로 견제를 해야 하므로 늘 필요한 긴장을 유지해야 한다는 얘기다. 지방의회의 궁극적 역할은 지방정부를 감시하고 견제하는 일이므로, 그런 지방의회를 존중하는 단체장의 리더십이 그 어느 때보다 절실하다.

중앙정부에 할 말은 하는 리더십

지자체장은 지방분권이나 균형 발전에 대해 중앙정부를 향해 제 목소리를 낼 수 있어야 한다. 중앙으로의 집중을 막고 지역 분산에 힘을 기울이고 있지만, 자꾸 그것을 되돌려 수도권의 규제를 풀고 지방분산을 무력화하려는 시도가 빈번해지고 있다. 특히 선거 때만 되면 애써 잡아놓은 지방분산 정책이 한 발씩 후퇴하는 조짐을 보이고 있다.

중앙에서의 그런 행태에 대해 지자체장은 눈치만 볼 게 아니라 지방분권을 단호하게 주장하고 행동하는 용기를 보여야 한다. 중앙정부에 'NO' 라고 대응할 수 있는 리더십이 필요하다.

한계를 극복하는 리더십

지자체장은 지방정부의 최고 책임자라는 대표성을 기반으로 하여 제반 이해 당사자들과 정치적 관계를 유지하면서 지역 현안을 해결하고, 지방의회와 중앙정부, 나아가 민간 부문을 설득하고 지원을 얻어낼 수 있는 능력이 요구된다. 게다가 지방의회에 대한 견제 역할을 하면서 오직 지역 주민만을 위해 행정을 수행해야 할 임무를 지닌다.

또, 소속 행정기관 및 직원에 대한 지휘감독권을 적절히 행사하며, 새로운 관리 기법을 도입하고 공직과 업무에 대한 공무원의 관념을 변화시키는 능력이 요구된다.

지자체장의 리더십은 참여자와의 영향력 관계 외에도 단체장이 처해 있는 지역의 사회경제적 여건에도 영향을 받는다. 가령, 단체장이 아무리 복지 지출을 늘리려고 해도 이를 뒷받침할 재원이 부족하거나 이에 대한 지지 여론이 형성되지 않으면 그러한 리더십은 효과적으로 발휘될 수 없다.

지방자치 실시 이후 급증하고 있는 행정 수요를 충족시키기에는 현재의 지방재정이 근본적으로 취약한 상태에 놓여 있다. 따라서 지방 재정의 부족이 실질적인 지방자치를 구현하는 데 가장 큰 저해요인으로 작용하고 있고, 이에 상응하는 세원 이양이 동반되지 못해 지방 재정을 더욱 압박하고 있는 실정이다.

지자체가 지방 행정 수요 변화에 대응하고 책임 행정을 구현하려면 시장_{민간}과의 파트너십을 통해 공공 서비스와 재화를 공급하며, 공공 영역에 시장 기법을 도입하여 지방정부의 효율성을 도모하는 공공 관리를 추진하는 것이 시급한 과제다.

지자체장은 공공에의 봉사 정신이 투철해야 하고, 시민과 고객에 대한 서비스를 가장 우선으로 고려하여 높은 수준의 직무 수행과 책임을 통하여 서비스의 질을 끊임없이 높여야 한다. 또, 조직 구성원이 조직의 생산성과 질을 높이기 위한 노력에 참여하도록 장려하여 각 구성원이 자기 영역에서 리더십을 갖도록 권한을 위임해야 한다.

지자체장의 리더십 유형

지자체장의 리더십 유형은 대뇌형, 관계형, 카리스마형, 변화주체형, 솔선수범형 등으로 구분되는데, 자못 흥미롭다.

리더십 유형	리더십의 주요 특징
대뇌형 리더십	단체장이 대뇌 역할을 하면서 조직을 통제 · 조정하고 정보를 제공하는 핵심 역량의 머리가 되는 형태다.
관계형 리더십	구성원과의 관계는 물론 외부 인맥을 중시하는, 즉 대인관계를 중시하는 특성을 가진다. 가능하면 한 명의 직원이라도 더 만나 이야기를 나누고 정책은 독단이 아닌 협의에 의한 의사결정에 따르는 경향이 강하다.
카리스마형 리더십	자신감이 강하고, 자신의 소신과 이상을 확신하며, 권력을 행사하려는 의지가 뚜렷하다. 부하들을 신뢰하고 기대를 걸고 있다는 사실을 드러내는 경향을 보인다.
변화주체형 리더십	구성원의 고차원적 욕구, 즉 자아실현이 이뤄지도록 영향력을 행사하고 행동지침까지 제공한다. 조직이 잘되면 그 속에 있는 구성원이 잘되고, 구성원이 잘되면 조직이 잘된다고 강조한다. 조직원들에게 사명의식을 고취하고 동기를 유발한다.
솔선수범형 리더십	민원 해소에 비중을 둔다. 집무실에 머물지 않고 현장에서 뛰는 것을 즐긴다. 이런 단체장이 근무하는 조직의 간부 중에는 별도의 사무실이 없는 경우가 대부분이다. 사무실 한쪽에 칸막이를 해둔 것이 전부이며, 사무용 책상보다는 회의용 탁자가 많다. 공직사회를 현장중심형 문화로 이끌어간다. 자치단체가 나아가야 할 분명한 방향에 대해 직원 사이에 공유된 비전이 있고, 이를 위해 동기를 부여하고 행동의 전형을 만들어 시행한다.

풀뿌리 민주주의 정착을 위한 제언

소수의 정치 엘리트 집단에 의해서 정치 권력이 행사되는 것을 배제하고, 평범한 주민이 지역을 기반으로 하는 의사결정 과정을 통해 지역공동체의 운영과 생활의 변화에 참여하는 민주주의의 한 형태가 바로 풀뿌리 민주주의다. 정치적 주체의 관점에서 풀뿌리 민주주의는 주민의 삶과 관련한 의사결정의 주체로 세우려는 이념이다.

한국 사회에는 전통적으로 풀뿌리 민주주의와 유사한 의사결정과 자조自助의 풍습이 있었다. '두레' 같은 공동 노동조직이나 '계'와 같은 자조 모임은 개인의 문제를 공동체 차원에서 논의하고 협력하여 풀어나가는 바람직한 민주주의 기반의 풍습이다.

현대의 풀뿌리 민주주의는 도서관 운동, 공동보육 운동, 의료협동 운동 등의 형태로 구현되고 있다.

근대에 들어서 서구에서 급격하게 이식된 민주주의의 제도가 정착하기 전에도, 풀뿌리 민주주의와 관련된 논의가 민초民草 또는 민중民衆 개념으로 제안되기도 했다. 1970년대 이후 원주에서 장일순, 지학순 등이 시작한 생명운동은 한살림 모임이나 생명민회 운동으로 발전했는데, 이런 시도들은 성장 위주의 자본주의적 시장경제체제에서 시민 단위의 독립이 가능한 공동체를 형성하고자 하는 노력이었다.

1960년대 이후 주민운동, 빈민운동 등은 풀뿌리 민주주의가 구체적으로 실현된 사례이며, 그 뒤를 이어 생활공동체 중심의 풀뿌리 민주주의의 실천 사례가 나타나기 시작했다. 2000년대 들어 실현되고 있는 부천YMCA의 녹색가게, 광명YMCA의 등대생협, 부산의 희망세상, 안성의 안성의료생협 등은 그 지역의 사례다.

풀뿌리는 말 그대로 '풀의 뿌리' 라는 뜻이다. 풀뿌리는 '민초' 의 순우리말이라 할 수 있다. 풀뿌리는 권력자의 반대편에 있는 일반 대중을 의미하기도 한다.

풀뿌리 민주주의 구현에 앞서 풀뿌리 운동이 전개된다. 풀뿌리 운동은 '권력을 갖지 못한 시민이 자신의 삶과 삶의 공간을 변화시키고, 나아가 우리 사회와 세상을 변화시켜 가려는 의식적인 활동' 이라고 할 수 있다.

풀뿌리 운동은 권력으로부터 소외된 사람들의 운동이다. 풀뿌리 운동은 한 사람 한 사람의 꿈을 엮어가는 과정이다. 그렇게 엮인 꿈들은 우리가 사는 지역과 마을을 통해 나타난다. 우리는 어떤 일을 할 때 한 사람 한 사람의 이야기를 잘 듣고 그것이 무엇을 가리키는 지 잘 바라봐야 한다. 그 하나하나가 모여 우리의 삶을 결정하고 삶의 결실을 가져다주기 때문이다.

또, 우리는 더 좋은 세상을 만들기 위해서 함께 꿈꾸고 함께 그 꿈을 이룩하기 위해 노력해야 한다. 단체장이라면 권위를 내세우기 전에 이런 세심한 배려에 눈떠야 한다.

풀뿌리운동은 종속된 생활 세계를 변혁하며, 자신을 해방하고 스스로 주인이 되게 하는 운동이다. 그러나 해방되고 주인이 되는 운동이 자신의 독립적이고 개별적인 이름을 얻기 위한 운동은 아니다. 자신을 주장하는 것은 소유와 경쟁 논리, 상품이나 화폐와 같은 자본의 세계관이기 때문이다.

우리는 피아를 구분하고, 인간과 자연을 구분하는 분리의 세계관을 넘어서 서로를 의지하며 살리는 생명의 세계관을 가져야 한다. 여기에 생명의 무한한 에너지가 있고 여기서 깨달음을 얻을 수 있기 때문이다. 풀뿌리 운동은 나 자신을 바꾸고 지역을 변화시켜

참 풀뿌리 공동체를 만드는 운동이다.

다시 말하지만, 풀뿌리 민주주의는 권력을 갖지 못한 민초가
실질적 주인이 되는 민주주의를 의미한다. 선거 때만 우리의 대
표자를 뽑는 것이 아니라, 일상에서 진정한 정치의 주인으로서
우리의 위상을 확립하고 그것을 행사하는 것이 풀뿌리 민주주의
핵심이다.

우리는 1990년대 이후 지역사회를 중심으로 우리의 삶과 공동
체 사회를 건강하게 발전시키기 위해 주민의 의사를 무시한 각종
개발사업 및 환경파괴 행위에 저항하고 복지적 욕구 실현을 위한
다양한 활동을 전개해왔다.

연탄 나누기 봉사

지자체장은 주민이 지자
체에 무엇을 요구하거나 반
대하는 선에 머물게 해서는
안 된다. 주민들 스스로 우
리의 공동체를 건설하고 건
강한 삶과 생활의 질서를
지키려고 노력하도록 길을

열어주어야 한다. 주민은 때론 정치적 의사결정 과정에서 주민의 의사를 반영하기 위해 의정과 행정 감시운동과 예산편성 과정에 참여하기도 한다. 주민투표, 주민소환, 주민발의 등 주민참여제도를 활용하여 주민의 의사를 공적인 영역에서 관철시키기 위해 행동을 전개하기도 한다. 이 모든 것이 풀뿌리 민주주의의 전형적인 사례다.

풀뿌리 민주주의의 실천은 특별한 계기나 이슈보다는 우리의 일상 속에서 발현되고 구현됨으로써 보다 근본적으로 우리의 삶과 생활과 사회의 변화를 향해 나아가야 한다. 작은 활동에서, 작은 신념의 만족에서 큰 변화들을 얻을 수 있기 때문이다.

07

주민이 만족하는 살기 좋은 지방자치단체를 만들려면

우리나라 인구는 2019년 11월부터 감소하기 시작하여 해마다 십수만 명씩 감소하고 있다. 본격적으로 인구가 감소하는 '인구절벽'이 현실화된 것이다. 더구나 지방은 더욱 심각한 인구감소 위험에 노출되어 있다. 가뜩이나 노령인구 비율이 높은 데다가 젊은 사람들이 떠나기 때문이다. 지자체는 어떻게 생존할 수 있을까? 인구를 유지하거나 늘리는 방법은, 전입자는 많게 하고 전출자는 줄이는 것과, 출산율을 올리는 것뿐이다.

우선 전 세계 인구가 어떻게 이동하는지 살펴보자.

아프리카, 중동, 중앙아시아, 인도 등의 남아시아 사람들은 일자리와 살기 좋은 곳을 찾아서 유럽으로 이동한다. 일자리를 찾아 아라비아 반도로 이동하기도 한다. 중남미 사람들은 일자리와 살기 좋은 곳을 찾아 주로 미국으로 이동한다. 우리나라를 비롯한 동북아 사람들도 일자리와 교육 등의 이유로 다수가 미국으로 건너갔다. 그리고 전 세계 사람들은 일자리, 살기 좋은 곳, 교육, 치안이 안전한 곳을 찾아 미국을 비롯하여 호주, 캐나다, 독일 등 선진국으로 건너간다.

이와 같이 사람들은 좋은 일자리와 좋은 교육을 받기 위하여, 살기 좋은 곳을 찾아서 이동한다. 한국전쟁 후에 많은 사람들이 미국으로 떠난 것처럼 전쟁이나 범죄를 피해 이동하기도 하고, 정치나 종교 박해를 피해 이동하기도 한다. 안전하고 먹고살기 편한 요즘에는 재미있는 곳을 찾아서 이동하는 사람도 많아졌다. 따라서 전입자를 늘리려면 좋은 일자리가 많고 살기 좋으며 훌륭한 교육을 받을 수 있는 환경을 만들어야 한다. 또, 미래가 있는 지자체로 만들어야 한다. 일자리를 늘리기 위해서는 무엇보다도 기업을 적극 유치해야 한다. 유치에만 그치지 말고 그 기업이 성장하고 계속 유지될 수 있도록 힘써야 한다. 관공서도 적극 유치해야 한다.

살기 좋은 곳은 교육 여건과 교통이 좋고, 쇼핑하기 좋으며, 병원도 가까우며, 여가생활을 즐길 수 있는 곳이어야 한다. 따라서 대형마트와 병원 등이 폐업하지 않도록 각별히 힘써야 하며, 시장과 식당, 가게 등도 사라지지 않도록 해야 한다. 지자체 전 지역을 살기 좋은 곳으로 만들기 어렵다면 특정 지역이라도 교통, 교육, 쇼핑, 의료, 관광, 여가활동, 경치 등에서 최고가 되도록 만들어야 한다.

좋은 교육환경을 만들려면 우선 폐교를 방지해야 한다. 특히, 대학의 폐교를 막아야 한다. 대학이 폐교하면 젊은이들이 떠날 뿐 아니라 주변 상권이 사라진다. 활력이 사라지고 미래가 없는 도시가 되면 지자체는 급격하게 쇠락한다.

2021학년도 대학 입학 정원은 55만 명인데, 대학 진학 희망자는 53만 명으로 2만 명이 부족했다. 앞으로 대학 입학생 수는 빠르게 감소하여 20년 후에는 20만 명 이하로 줄어든다. 20년 내에 대학의 절반 이상이 사라질 운명이다. 지자체는 관내 대학을 살리기 위한 특단의 대책을 취해야 한다.

현재 대부분의 지자체는 자체 영역에만 집중해 왔는데, 인구 감소 시대에는 인접 지자체와 협력할 필요가 있다. 서로 밀어주고 당겨오면서 일자리, 교통, 교육 등의 경쟁력을 높일 필요가 있다. 경우에 따라서는 통합도 고려해볼 필요가 있다. 사람들이 대도시로 몰리는 상황에서 작은 지자체로는 사람들을 유인하기 어렵기 때문이다. 자그마한 지자체보다는 인접 지자체와 통합하여 경쟁력을 높여야 생존할 수 있다.

앞으로 증가할 인구는 외국인뿐이다. 따라서 외국인을 적극 유치할 필요가 있다. 외국인에게는 그들에게 적합한 일자리를 만들고, 외국인이 살기 적합한 특구를 만들고, 행정 지원을 강화할 필요가 있다. 거리나 마을도 테헤란로, 차이나타운, 조선족마을, 러시아마을, 베트남마을처럼 외국 이름으로 바꾸는 등 다양한 유인책을 펼 필요가 있다. 외국과의 교류에도 힘써 외국인이 들어올 수 있는 통로를 넓혀야 한다. 청년 유입을 위해서는 이주할 때만 반짝 혜택을 주기보다는 일자리, 놀 거리 볼 거리 등의 기본적인 문화적 만족도와 거주 만족도를 높이는 데 힘써야 한다. 현재의 지자체 위기는 전국적인 초저출산 현상과 인구 유출로 발생한 것이다. 지자체의 노력만으로는 해결하기 어려운 부분도 많다. 따라서 국가에 다양한 정책을 제시하고 해결을 요구할 필요도 있다.

[지역과 주민을 위한 좋은 정책 사례 1]

경상북도의 '인구연결' 정책

경상북도가 인구 감소 시대에 지속가능한 지역 생존 전략 및 미래에도 활력 있는 지역 만들기를 위한 정책 모델을 제시했다.

수많은 지방이 소멸 위기에 놓인 가운데 경상북도가 '지역간협력' 을 통해 유동인구를 늘리는 방향으로 새로운 인구정책 패러다임을 제시했다. 경북은 '경북형 듀얼 라이프 기본계획' 을 발표하고 후속조치에 들어갔다.

듀얼 라이프는 지역과 특별한 관계를 맺고 거점을 마련해 중장기적, 정기적, 반복적으로 순환 거주하는 '두 지역 살기' 인구를 말한다. 지난번 국회에서 발의된 '인구감소지역 지원 특별법안' 에도 유사한 맥락의 '생활인구' 개념이 도입돼 있다.

경북형 듀얼 라이프 기본계획은 지방으로 향하게 될 수도권 인구를 받아들이는 마중물 사업에 해당한다. 이를 위해 '듀얼 라이프 및 경제영토 확장 전략 연구' 를 추진해 인구 전출입 현황, 취업자 공간적 분포 분석, 듀얼 라이프 실태조사 등을 실시했다. 경북은 최종적으로 '사람이 모이는 열린 경북' 을 비전으로 87개 사업을 도출했다.

여기에 시군별 순환거주 공간과 서비스 구축을 위한 생산형 일자리형 · 휴양거주형 · 여가체험형 · 교육연수형 · 해외유입형 등 5대 듀얼 라이프 39개 과제와 지역 매력도와 방문 편의성 확보를 위해 미래의 주거, 도시, 그린 인프라, 교통, 경관, 관광, 통합경제권 등 7대 전략 46개 과제를 제시했다.

예를 들어, 영천은 별빛체험 스테이, 봉화는 자연휴양형 가족정원 클라인가르텐, 울진은 은퇴자 맞춤형 주거복합단지 조성에 나서 중장기 체류 프로그램을 운영한다는 계획이다.

이와 함께 지방 소멸 대응 기금 등 중앙정부 정책 연결, 시군 듀얼 라이프 브랜드화, 듀얼 라이프 규제 특구, 복수 주소 제도 도입, 빈집 활용 정책 연계, 농어촌 부동산 분야 기준 완화 및 세제 감면, 갈등 문제 해소, 듀얼 라이프 운동 등 9개 정책 핵심 과제도 제안했다.

그중 복수 주소제가 실시되면 실거주지와 주소지 불일치에 따른 국민 불편을 해소하고 지방 인구 증가와 추가 세수 확보를 기대할 수 있을 것으로 보인다.

경북은 이듬해부터 시군 공모로 시범사업을 추진하고, 듀얼 라이프 통합 플랫폼을 구축하는 등 행정 및 재정 지원 체계를 마련하기로 했다.

또, 2022년 대통령 선거에서 '수도권 인구의 지방분산'을 강력히 요구하고, 차기 정부의 국정과제로 채택될 수 있도록 정치권과 정부부처에 협조를 요청할 계획이다.

"최근 지방소멸대응기금 지원, 고향사랑기부제 등 각종 정책이 수립되고 있는데, 궁극적으로는 수도권 인구를 지방으로 분산하는 국가 계획이 제시돼야 한다. 새로운 유형의 인구 정책을 성공적으로 추진해 수도권 인구를 지방으로 연결하고 국가 균형발전에 앞장서 나갈 것이다."

[지역과 주민을 위한 좋은 정책 사례 2]

수업은 학교, 돌봄은 지자체

"중구청 아저씨, 돌봄이 재미있어졌어요. 예전보다 더 좋아진 것 같아요. 저는 여기에 있는 거 좋아요. 책도 재미있고 친구들과 노는 것도 재미있어요. 우리 학교 행복하고 즐겁게 바꾸어 주어서 정말로 감사합니다. 다음에 또 돌봄에 놀러 오세요."

전국 최초로 지자체 직영 초등돌봄 교실을 도입한 서울 중구청 장 집무실을 장식하고 있는 서울홍인초 돌봄교실 아이들의 편지 내용이다. 서울홍인초는 '중구형 초등돌봄교실' 1호 학교다.

아이들의 편지에는 '돌봄이 행복하고 즐겁다' 는 글로 가득했 다. 중구형 초등돌봄 교실이 잘 정착하고 있는 모습을 볼 수 있 는 대목이다.

중구청장은 지자체 직영돌봄은 젊은 층의 유출이 심각한 지역 특성상 어쩔 수 없는 선택이었다고 털어놨다. 2년여 전 취임 초기부터 초등돌봄 교실 직영에 나섰지만 쉽지 않은 도전의 연속이었다고 했다.

그러나 학부모들의 많은 지원 덕분에 시교육청 및 학교 측의 설득 과정이 잘 진행되었다. 현재 모든 구성원이 만족할 만한 성과를 보이고 있다. 그 덕분에 이듬해에는 관내 전 초교에 확대 도입이 예정된 상황이다.

"수업은 학교가, 돌봄 및 지원은 지자체가 담당하는 것이 선진국 모델이다. 직원의 고용 안정성, 수요자의 높은 만족도를 보면서 정말 잘했다는 생각이 들고 보람을 느낀다."

지금의 구청장 취임 당시 중구는 '사람에 대한 강력한 투자'가 절실한 곳이었다. 중구는 '경제 1번지'라는 별칭이 있을 만큼 성장한 지역이지만, 상대적으로 교육·주거 등 아이를 낳고 기르는 데 필요한 인프라는 형성되지 못했다. 젊은 인구 유출이 가속화돼 초교 졸업반의 18%가 진학과 동시에 중구를 떠나는 상황이었다. 지금 중구는 영유아부터 초·중고까지 포괄하는 '구 직영 교육 4종 세트'라는 정책을 추진하고 있다. 한 아이가 중구에서 태어나 성인으로 성장하는 모든 과정을 중구청이 함께 하는 것이다. '중구형 초등돌봄교실'은 그중 가장 먼저 시작해 좋은 반응을 얻고 있는 사업이다.

돌봄의 패러다임을 전환하는 일이었기 때문에 많은 준비와 관계자 설득 과정을 거쳐야 했다. 중구가 제시한 모델은 '학교는 공간 제공, 지자체는 돌봄 운영'의 협업 모델이다. 간담회 자리마다 '교내 돌봄을 원한다'는 학부모님 의견을 기반으로 잡았다. 보통 학교는 안전상의 문제로 학교 시설 개방에 신중한 편이다.

그러나 '최상의 돌봄 제공' 취지로 관내 초교, 서울시교육청 등 관계자를 찾아다니며 설득했다. 6개월 여의 노력 끝에 서울홍인초가 먼저 공간을 허락해 2019년 1월 협약을 맺었다. 첫 시작은 어려웠어도 이후 다른 학교로 확산되는 과정은 보다 수월했다. 돌봄교실 이용 학생·학부모가 높은 만족도를 보였고, 입소문을 타고 퍼져나갔기 때문이다.

초기 구상 때 모든 구성원이 만족하는 돌봄을 만드는 것을 가장 중시했다. '행복한 교사가 행복한 아이를 만든다'는 생각으로 돌봄교사 근무 여건 개선에도 많은 고민을 담았다. 우선 기존 학교 안 돌봄교실에서 근무하던 돌봄교사 전원에게 고용승계권을 부여해 구 직영 전환 시 우선 채용했다.

현재 기존 돌봄교사 중 80~90%가 그대로 일하고 있다. 이들 전원은 중구시설관리공단 소속 직원으로 채용돼 호봉 승급 등 상대적으로 고용안정성도 더 확보됐다. 또, 돌봄교사 입장에서 가장 중요한 개선점이 바로 1교실 2교사제 도입이었다. 업무 부담이 한층 경감됐다. 게다가 최초로 '센터장' 직위를 신설했다.

보다 체계가 잡힌 돌봄이 가능해졌고, 학부모 입장에선 소통 채널이 만들어졌다. 이밖에도 돌봄교사 전원에게 특별휴가를 제공하는 등 다방면에서 근무 여건 개선에 힘쓰고 있다.

공급자가 아닌, 수요자인 아이와 학부모 입장에 온전히 초점을 맞췄다. 이전 돌봄교실의 가장 큰 한계점은 오후 5~6시에 이른 종료 시점이었다. 교문을 나선 아이들은 학원버스를 타고 부모가 퇴근할 때까지 여러 학원을 전전하거나, 조부모와 함께 하교해야 했다. 우리는 맞벌이 부부의 현실적 퇴근시간에 맞춰 운영시간을 오후 5시에서 저녁 8시로 대폭 연장했다.

아침 돌봄도 오전 7시 30분부터 하고 있다. 교육 프로그램 수준도 한층 업그레이드했다. 주 6회 강사를 초빙해 로봇코딩, 3D펜 활용, 성장요가, 꽃꽂이, 웹툰 그리기, 우쿨렐레 등 아동발달 단계에 맞춘 다양한 교육을 진행한다. 안전도 강화했다. 돌봄센터 옆에 돌봄 보안초소를 만들고 야간 돌봄 보안관을 배치했다. 아이들이 하루 종일 딱딱한 학습공간에 갇힌 것 같은 느낌을 받지 않도록 교실과 완전히 다른 분위기의 전용 돌봄공간을 조성했다. 매일 양질의 급식·간식 제공 등 모든 비용이 무료다. 전부 지자체 직영으로 전환됐기에 가능한 것들이다.

　"교육 최전선에 계신 교원에게 있어 돌봄은 그 중요성을 공감하면서도 여전히 두 어깨를 무겁게 하는 업무인 것으로 안다. 모든 사람들을 위한 제도지만 모든 사람들에게 천덕꾸러기처럼 됐다. 현재 중구형 초등돌봄은 신청 모집부터, 돌봄교사 인력관리, 프로그램 기획·운영까지 업무 일체를 중구청 책임 아래 운영하고 있다. 돌봄에 관해 학부모와 소통하는 일 또한 돌봄센터장과 중구청이 주도적으로 맡는다. 기존 학교돌봄 체제에서 '돌봄부장 교사' 한두 명이 동분서주하며 해내던 업무를 구청에서 맡아주니 교육본연의 업무에 집중할 수 있어 더없이 좋다는 반응이다. 무엇보다돌봄 받는 아이들이 밝은 표정으로 '학교가 행복하고 즐거워졌다'고 얘기할 때마다 덩달아 기쁘다는 이야기를 전해주신다. 돌봄교실 덕분에 입학생이 늘어나고 있다는 반가운 소식도 들려주신다. 학군 밖에 있는 학부모들로부터 돌봄교실에 관해 묻는 전화가 걸려오고, 직접 방문하는 일이 잦아지고 있다. 서울홍인초는 올해 신입생만 18명이 늘어 1개 반을 증설했을 정도다."

　하나 단점이라면, 교육부에서 돌봄교실 운영과 관련해 지원받을수 있는 예산 수준이 턱없이 부족하다는 것이다. 교육예산을 일반 예산으로 돌릴 수 없도록 법이 명확히 정하고 있기 때문이다. 이는 당연히 지켜져야 한다. 대신 돌봄교실에 한해 지자체 전용을 허용해달라고 법 개정을 요청한 상황이다. 수요자 요구에 맞는 양질의 돌봄이 중구만의 특수한 사업이 아니라, 전국 모든 지자체 누구나 할 수 있는 사업이 되려면 보다 현실성 있는 정부 예산이 투입돼야 한다는 점이다.

지난해 하반기에 자료 공유 요청 및 방문 등이 30여 건이다. 요청기관도 다양하다. 대통령 직속기구인 저출산고령사회위원회, 교육부, 보건복지부 등 중앙부처부터 서울시 각 자치구, 경기, 경남, 부산, 충청 등 각 지역에서도 문의가 들어온다. 이미 본격적으로 적용을 시작한 곳도 있다.

부산 기장군이 대표적인 예다. 뜨거운 관심 덕분에 중구형 돌봄교실은 지지난 해부터 각종 표창을 휩쓸었다. 행정안전부 주관 저출산 우수시책 경진대회에서 최우수상인 대통령 표창을 받는가 하면, 교육부장관상, 서울시장상 등을 연이어 수상했다.

지지난 해에는 학교와 지자체가 협력한 우수 모델로 인정받아 정부혁신 100대 과제로 선정되기도 했다. 이런 이유로 중앙부처들은 중구형 돌봄교실처럼 수요자 중심의 돌봄 서비스를 제공하는 지자체를 특별시범 사례로 선정해 관련 예산을 지원할 예정이다.

보다 현실성 있는 예산 지원으로 누구나 아이 키우기 좋은 환경이
조성되기를 기대한다.

도심 속 노후건축물 정비에 대한 의견

1980~1990년대 폭발적인 경제 성장과 함께 지어졌던 건물들
은 이제 준공 30년이 지난 노후건축물로 분류된다. 도시 미관을
해칠 뿐 아니라 범죄 · 사고 유발 우려가 높아 사회적 문제가 되
고 있다.

그러나 재건축 이득을 기대할 수 있는 주택 소유주와 달리, 상업
용 · 공업용 건축물 등 비주거용 건축물은 임차인과의 문제, 복잡
한 소유 관계, 낮은 사업성 등이 얽혀 있어 적기에 재정비하기 힘
든 것이 사실이다.

이상적인 정비사업을 한마디로 정의하기는 어렵지만, 방향은 정
비사업이 인근 주민을 위하고 그들을 위한 근린 생활공간으로 거
듭나야 한다는 것이다. 현재의 정비사업은 정부와 지자체가 틀을
만들고, 그 안에서 사업주들이 주민들의 삶을 지정하는 획일적인

과정으로 진행된다. 근린생활지역 위주의 오피스·주거·상업시설 공존형 소규모 정비사업을 리모델링을 통해서 활성화시키는 방안 등도 고려할 필요가 있다.

지속 가능한 도시를 만들기 위해서는 인프라가 동반되는 정비 방식으로 진행돼야 한다. 지금 슬럼화하고 있는 지역은 각각의 건물이 매우 낡았다기보다는 지역 자체가 노후화되었다는 문제가 있다. 지속가능한 도시를 만들기 위해서는 인프라가 확충되는 공급이, 기반시설이 부족한 곳은 과감한 정비사업이 필요하다.

노후건축물의 경우 성능이 저하된 환기시설과 창호 등의 시설에 의해 미세먼지와 같은 유해요소 유입 등 주거환경의 질을 낮추는 원인이 되며, 구조안전 등의 문제가 발생할 수 있다. 이를 위한 대안으로 그린리모델링 사업은 기밀성이 강화된 고성능 에너지 창호와 전열교환기 등의 교체로 미세먼지를 차단하고 구조 안전점검을 함으로써 겨울철 열 손실 없는 환경 조성 및 안전하고 쾌적한 주거환경 제공이 가능하다.

올바른 정비사업은 기본적으로 사업지의 원주민 정착률을 극대화하면서 도시 경관을 저해하지 않는 형태가 돼야 한다. 그래야만 궁극적으로는 도시 경쟁력으로 이어진다.

현재의 개발사업은 대규모의 노후 주거와 근린 편의시설 등의 재건축에 치중돼 있으며, 투자비용을 신규 분양금으로 회수하는 구조로 진행된다. 따라서 투자자인 건설사·시행사·금융사 등 사업 주체는 사업성 극대화를 위해 원주민들의 주거환경 개선보다 부동산 시세를 부풀리는 데 치중하고 있다.

이 과정에서 대부분 주민들은 사업에 참여하기 어렵고, 건설사·시행사에 끌려가게 돼 있다. 사업의 규모가 커질수록 이 같은 문제는 필연적으로 나타나게 돼 있다. 이를 최소화하기 위해서는 정부가 도시·건축 차원에서의 규제를 풀어주고 재정 지원을 하며, 중소규모의 정비사업 관리전문기업들을 육성해야 한다. 단순히 재개발·재건축 사업보다는 상대적으로 소규모인 주거환경 개선이나 가로주택 정비사업을 더 활성화시키고, 그 내용도 '철거 후 신축' 외에 리모델링도 가능하도록 제도적인 개선이 필요하다.개발사업은 지역 부동산가격의 상승을 초래할 수밖에 없다. 현재 가치는 현재 그 상태이기에 형성된 것이다.

여기에 어떤 식으로든 개선이 가해진다면 이는 곧 지역의 가치를 높이는 것이 된다. 때문에 지역가치를 높이는 개발사업은 필연적으로 부동산 가격의 상승을 가져온다는 점을 인정해야 한다. 이를 원치 않는다면 '보존 중심의 도시재생' 밖에 대안이 없다. 이마저도 현실에서는 낙후되거나 노후된 지역을 어떤 식으로든 개선하는 것이기 때문에 부동산 가격 상승으로 연결된다. 노후건축물을 모두 정비사업 방식으로 해결하기에는 어려움이 많고 자칫 난개발이 될 수도 있다.

재건축, 재개발, 리모델링 외에 기존 건축물을 안전하게 관리하고 보완하기 위한 대책이나 입법이 필요하다. 정부의 정책과 제도는 아직 불완전하다. 우려되는 문제점에 대해 정부는 그때그때 시장에 개입해 풀어나가려는 경향이 있다. 정부나 지자체장이 바뀌면 시장은 혼란을 겪게 되고, 이 과정에서 나타나는 실책이 난개발을 초래하게 된다.

따라서 정비사업의 문제점을 해소하려면 정부가 단면적으로 시장에 개입하기보다 지속 가능한 규제 정책과 제도를 개선하는 데 주력해야 한다.

정비사업을 원하는 지역은 그렇게 해주되, 원하지 않는 지역은 강제하지 않는 것이 중요하다. 전자의 경우에는 정비사업을 진행시켜주고, 후자는 소유주들의 자체적인 건축물 정비를 유도하는 것이 최선이다. 이를 위해 현실에서는 보조금을 주거나 용적률 상향을 통해 건축주의 부담을 줄여줄 수 있다. 세금 경감도 일종의 보조금 형식으로 판단해 추가할 수 있다. 재개발·재건축 같은 사업은 지자체 도시정비계획에 따라 진행하기 때문에 난개발이 오히려 적다. 소규모 정비법을 적용하면 인프라 확충은 전혀 되지 않고 공급만 이뤄져 난개발 우려가 있을 수 있다.

정부에서는 주택 외 민간 노후건축물에도 그린리모델링 등의 방식으로 공공성을 반영하려고 노력하고 있다. 효과적인 방안일 수도 있지만, 더 좋은 방안을 찾는 노력이 필요하다. 안전 확보와 그린정책의 구현을 위해 민간 노후건축물의 유지 관리와 리모델링 과정에 개입하려는 정부의 의도는 이해할 수 있지만, 민간 건축물은 수익성 가치에 따라 움직이는 부동산 시장의 영역이라는 점도 간과해서는 안 된다.

현재 정책들은 세부적인 시행 모델이 미비한 상태에서 정부의 의지만 일방적으로 보여주고 있는 단계다. 민간 건축주는 자발적으로 정부의 그린정책에 참여하지 않을 것이다. 현실적으로 정부의 그린정책이 아무리 중요해도 건축주에게는 수익성 유지 또는 개선을 위한 건축물의 노후화 문제 해결이 더 우선적인 관심사다. 따라서 '그린리모델링' 보다는 '리모델링 위드 그린' 의 개념이 더 실효적일 수 있다. 그 실행이 가능하도록 리모델링에 대한 지원정책이 필요하다.

기본적으로 그린리모델링은 건축비가 싸지 않다. 건축주의 입장에서 초기 가격의 인상 요인이 되는 그린건축물을 굳이 만들 이유가 없다. 그래서 주위 사례 대부분은 공공건축물이다. 결국 비용 문제가 크기 때문에 저금리 대출이나 보조금, 리모델링시 용적률 상향 외에는 대안이 많지 않은 상황이다.

현 단계에서 인센티브 없이 자발적으로 그린리모델링을 실현하기에는 제한되는 요소가 많은 것이 사실이다. 이 때문에 정부에서는 중장기 관점의 탄소중립 실현과 대응을 위한 하나의 수단으로 민간에서 그린리모델링 사업이 지속적으로 창출될 수 있도록 지원하고 있다. 민간 건축물 그린리모델링 이자 지원 사업의 경우, 그린리모델링 사업을 신청하고 공사비를 대출받으면 이 대출금의 이자 일부를 정부에서 지원한다. 이 과정에서 건축주가 그린리모델링 사업자를 선정해 손쉽게 지원사업 혜택을 받을 수 있어 건축주의 부담을 경감시킬 수 있다.

해외에서는 50년, 100년 가는 유명 건축물이 많지만 우리나라는 그런 건축물을 찾기 쉽지 않다는 의견도 있다. 왜 그럴까? 앞으로 도시계획을 세울 때 어떤 노력이 필요할까?

우리의 건축 방식은 대체로 싸게 대충 짓고, 유지 관리가 부실하다. 일차적인 책임은 건축사와 기술자, 기능공들에게 있겠지만 사업 관리에 소홀하고 단기간에 투자 회수를 원하는 발주자와 건축주의 책임도 크다. 이런 관행과 인식이 변하지 않고는 모범적인 장

수명 건축을 기대하기는 어렵다.

지금의 건축 현황에는 우리 현대사가 가장 큰 영향을 끼쳤다. 한국전쟁을 겪으면서 급하게 경제 성장이 필요했기에 별다른 문화 축적 등이 어려웠지만, 지금은 상황이 달라졌다. 각 사회의 생활 방식과 문화에 맞는 도시계획이 선행돼야 한다.

최근 신도시는 일정 수준 이상으로 올라왔다. 따라서 지금은 도시계획보다 개별 건축물의 가치를 높이는 데 인센티브를 주거나 일부 강제할 필요가 있다. 송도 같은 경우가 대표적인데, 도시 경관을 중시해서 야간 경관도 심의를 엄격하게 하고 있다. 건축물마다 특색 있는 디자인을 유도하고, 이런 노력이 모여 도시의 이미지를 형성한다.

한편으로, 해외 건축물은 수명이 길고 우리나라는 짧다는 생각은 편향적인 시각일 수 있다. 외국의 노후건축물도 잘 지은 뒤 꾸준히 잘 관리한 건물만 오래간다. 역사적 가치가 있는 건물은 공공 지원을 통해서라도 오래 남기는 것이 맞지만 무조건 수명만 늘리는 것이 능사가 아니다.

08

주민복지 최우선,
주민자치 실현의 좋은 사례

주민복지 최우선, 주민자치 실현은 말처럼 쉬운 게 아니다. 따라서 누가 마음먹는다고 어느 날 갑자기 되는 게 아니고, 법률이나 조례 몇 건으로 되는 것도 아니다. 또 정치인만 나선다고 되는 일도 아니다. 주민 모두가 자기 마을을 스스로 책임진다는 책임의식 없이는 이루어지지 않는다.

지역공동체 전 구성원의 노력이 오래 쌓여서 민주적 전통방식으로 뿌리를 내려야 가능한 일이다. 영세 중립국이자 민주 복지국가의 모범인 스위스에 그런 도시가 있어 소개한다.

스위스의 바젤슈타트주 리헨은 인구 2만 명의 작은 도시지만, 주민자치 실현의 좋은 사례로 주목받고 있다. 리헨은 주변에 울창한 숲이 우거져 있어 '녹색마을'로도 불린다. 또 수년 전에는 유럽

최초로 '유럽에너지황금상'을 수상했다. 리헨의 의사결정 과정에
는 주민의 의사가 전적으로 반영되고, 잘못된 정책이 있으면 주민
이 직접투표를 통해 바로잡는 주민자치의 전통이 빛을 발한다. 리
헨 주민들은 저마다 생업을 갖고 생활하는데, 퇴근 이후에는 모두
가 정치인이 되어 주민자치 활동에 나선다.

리헨에는 주민센터에 해당하는 '게마인데라트'가 있고, 거기에
는 주민센터장 외에 6명의 정치인이 다양한 분야를 담당하는데,
이들의 임기는 4년으로 주민투표로 선출한다. 또 '아인보너라트'
라는 주민회가 있는데, 7개 당에 속하는 40명의 회원으로 구성되
고, 역시 4년 임기로 주민투표를 통해 선출한다. 주민회 회원들도
따로 생업에 종사하는 이른바 '퇴근 후 정치인'이다.

리헨에서는 다달이 네 번째 수요일 저녁에 주민회의를 여는데,
주민이라면 누구나 참석할 수 있도록 개방되어 있다. 지역 현안은
모두 이곳에서 토론되고 중요한 문제는 주민투표로 결정된다. 여
기서 결정된 사안은 주민센터를 통해 실행한다.

리헨의 직접민주주의 특징은 투표를 통한 의사결정으로 중요한
문제를 해결해나간다는 점이다. 이미 결정된 사안도 주민투표를
통해 번복할 수 있어, 잘못된 의사결정을 바로잡을 길을 열어놓고
있다. 주민센터에서 결정한 사안이라도 이의를 제기하고 싶다면,

결정일로부터 30일 이내에 투표권이 있는 주민 500명 이상의 서명을 받아 제출한다. 이때 결정에 반대하는 이유와, 어떤 다른 의견을 지지하는지를 분명하게 제시해야 한다.

찬반 의견을 가진 그룹은 이 기간에 자신들의 의견을 주민에게 홍보하고, 마지막 결정은 주민투표로 한다. 이 경우, 모든 경비를 반대의견을 제시한 개인이나 그룹에 부담시켜 주민투표 제안 남용을 방지하고 있다. 반면에 주민 발의만 14세 이상의 주민 100명이 서명하면 주민센터에 제안된 안건을 검토해 투표 여부를 결정, 자유로운 제안 제도 등을 두어 어떤 사안이든 활발한 논의와 검토가 이루어지도록 하고 있다.

주민자치에 의한 교통 체계는 리헨의 자랑이다. 우리는 중앙정부나 광역자치단체의 법률이나 조례에 의해 모든 교통 체계가 정해지지만, 리헨에서는 주민의, 주민에 의한, 주민을 위한 생활환경이 하나씩 마련되어 가고 있다. 그 대표적인 성과가 주민 중심의 교통 체계다.

리헨에서 작은 거리를 오가는 자동차의 속도는 대개 시속 30km로 제한되어 있다. 어린이 교통사고 방지는 물론 공기 오염 감축에도 큰 도움이 된다. 주민의 잠을 설치게 할 수 없다는 이유로, 밤 10시부터 이튿날 아침 6시까지 화물 트럭은 운행을 금지하는 것만

봐도 주민복지 최우선의 자치 철학을 알 수 있다.

그뿐이 아니다. 어느 집에서나 350미터 이내에 대중교통 정류장이 설치되어 있어서 주민들의 발걸음을 거볍게 해주고 있다. 또, 자전거로 생활하는 데 불편이 없도록 관련 편의시설과 제도가 거의 완벽하게 갖추어져 있으며, 야간에 무상버스를 운행하여 주민들의 늦은 밤귀가를 돕고 있다. 이 모두가 주민 우선 정책의 좋은 본보기다.

09

지역이 살아야 나라가 산다

주민주권의 자치와 지역주권의 분권 활성화와 강화 없이 지역의 위기를 극복하기 위한 지역 활력 창출과 지역 혁신은 구호에 그치기 쉽다. 글로컬라이제이션 시대에는 지역 혁신이 국가 혁신의 원동력이요, 지역이 국가 도약의 기지일 수밖에 없다. 분권 자치 역량을 획기적으로 강화해야 할 필요가 거기에 있다.

사실 지역 혁신과 정치 혁신의 최일선이어야 할 지방의회와 지방의원들이 그간 지역 주민과 국민의 기대에 미치지 못하거나 알량한 지방 권력에 취해 안주한 측면마저 있었다. 지역에서부터 분권과 주민 주권의 실천에 솔선해 권한과 책임을 지역사회와 지역 주민과 함께 나누고, 한국 정치사회의 혁신과 발전을 위해 소속 정당이나 정파를 넘어 적극적인 연대에 힘쓰고, 한국 사회 전체의 혁신과 도약을 위하여 자기 성찰을 하고 혁신하는 시민 사회, 경제 사회와의 연대와 협력에도 적극적으로 나서야 한다. 그러려면 몇 가지 사항이 전제되어야 한다.

첫째, 지역을 살리고 풀뿌리 민주주의를 살리기 위한 기초 토대로 지방분권과 주민자치를 실질적으로 보장하고 강화하기 위한 정책이 필요하다. 이를 위해서는 지방분권과 주민자치를 헌법적 가치로 명시하는 분권 개헌, 재정분권·조직분권의 제도화 정책, 주민자치를 실질화하고 활성화하기 위한 발전책이 요구된다.

둘째, 87체제 34년 평가를 바탕으로 정치 발전을 위해 정당 민주화, 공천 민주화와 지방선거제도 개혁 정책이 필요하다. 이를 위해서는 한국 정치 혁신을 위한 기초로서 정당의 민주화, 상향식 정치 리더십 육성, 정책역량 강화 방안 및 구체적인 정책 제시, 지방선거에서 지역과 주민에 선택권을 돌려주고 공천을 포함한 지방선거 제도의 분권적·민주적 개혁 방안, 지방정부·지방의회와 지방정치인을 상하관계가 아니라 국가사회공동체 발전을 위한 자율적이고 책임 있는 파트너로 인식을 전환하기 위한 대책과 실효적인 정책이 요청된다.

셋째, 국가사회공동체의 통합을 위한 과제와 방안을 제시하는 구체적인 정책이 필요하다. 이를 위해 계층, 지역, 세대, 성별 등으로 다양하게 존재하는 사회적 격차를 완화·해소하기 위한 대책을 제시하는 정책, 연합정치와 합의제 민주주의의 발전에 대한 구상, 정치의 갈등 조정력과 예측 가능성을 제고하여 정치사회의 안정을 도모하기 위한 대책과 정책이 요청된다.

수도권으로 떠난 생활 인구를 다시 지방으로 유입시키려면 지역 경쟁력을 강화시킬 필요가 있다. 1970년대는 구미, 창원, 마산, 울산, 포항, 여수, 광양 등에 조성된 산업단지를 중심으로 비교적 지역 발전이 균형적으로 이뤄졌다. 하지만 생산시설이 수도권과 해외로 대거 빠져나가면서 지방 경제 쇠락 및 수도권 집중화가 본격화되었다. 이런 현상은 제조업 사양화로 몰락한 미국 5대호 주변의 러스트벨트에서도 찾아볼 수 있다.

지방 소멸화 저지 및 지역 균형 발전을 이루려면 지역의 자립적 경제 생태계 활성화를 바탕으로 지역 일자리 취업이 지속가능해야 한다. 이를 위해 지역 특성을 반영한 연구개발 정책 확립 및 지방 자립도 향상을 도모할 수 있는 지역주도형 혁신이 이뤄져야 한다.

지역 주도 과학기술 혁신체제 및 지역의 '자율기획 연구개발 추진제도' 구축을 위해 국가 연구개발 예산에서 지방 비율을 절반 수준으로 높여야 한다. 지자체가 기초 및 기반연구 지원과 기술사업화를 담당하도록 함으로써 지방정부가 정부 출연 연구기관에게 펀딩할 수 있는 기능도 부여해야 한다. 현재 중앙집권적 과학기술 발전 모델에서 벗어나 전문성을 기반으로 하는 지방분권적 발전 체제를 구축해 지자체 경쟁력 강화를 이끌어 내야 한다는 것이다.

또, 지방대학 육성-지역대학 특화-지역산업 특화-일자리 창출이라는 지역 역량 강화를 위한 선순환 체제가 이뤄지도록 지자체별 연구개발 기획 전담기관을 설치해 지역 대학과 지역 우수 연구 인력 활용을 확대할 수 있어야 한다.

이처럼 각 지자체 힘이 강화된다면 양질의 일자리 창출 확대는 물론 지방 비즈니스 지향성 및 융합성이 강화되면서 궁극적으로는 지역 균형 발전까지 이룰 수 있게 될 것이다.

1995년, 일본의 경제학자 오마에 겐이치는 《국가의 종말》에서 지방이 글로벌 경제시대에 대응할 수 있는 가장 적합한 공간 단위라고 지적했다. 일찍이 지방 존립의 중요성을 인지한 일본은 2014년 도쿄대학교 마스다 히로야 교수가 주장한 '지방 소멸'을 심각하게 받아들이고 지역경제 활성화를 통해 생활 인구를 지방으로 유인하는 정책을 꾸준히 추진해왔다. 지방 소멸 대응에 뒤늦게 나선 우리로서는 일본의 대응에서 참고할 것이 적잖을 것이다.

국토 면적의 12%도 안 되는 작은 땅덩이에 인구의 절반이 몰려 있는 국가는 한국뿐이다. 이제는 수도권으로 몰려있는 민심을 지방으로 돌릴 만한 매력적인 지역 경제체계가 갖춰져야 한다. 단순히 예산으로만 꾸며진 일시적 혜택이 아닌 힘 있는 지방을 길러낼 때다.

그런데 한편으로, 지방 소멸에 관한 논의에서 문제의 핵심 중 하나를 놓치고 있는 면도 눈에 띈다. 지금껏 지방 소멸의 초점을 시군市郡 단위에만 맞춰온 경향이 있는데, 농촌지역의 면面 단위로 내려가 보면 문제가 더욱 심각하다.

지방에서도 대도시는 소멸을 걱정할 정도로 인구가 줄어드는 것은 아니다. 물론 경제가 침체해 있고 일자리가 부족한 것은 사실이다. 그러나 아직 '소멸'이라고까지는 할 계제가 아니다.

물론 지방 대도시들도 갈수록 활력을 잃어가는 것도 사실이다. 이런 지방 대도시들의 활력을 회복하려면 지역의 특성을 살리고 지역 내부에서 순환하는 경제 구조를 만드는 것이 중요하다. 그 전제가 지방분권이다. 중앙정부에서 사업 따오고 예산 따오는 방식은 중앙에 대한 의존을 심화할 뿐이다. 몇몇 개발사업 따온다고 지역의 활력이 살아나는 게 아니란 것은 지난 수십 년간 증명된 일이다. 연방제 수준의 지방분권으로 지역 스스로 정책을 입안하고 지역의 활력을 키울 방법을 찾아야 한다.

진짜 소멸을 걱정해야 하는 곳은 농촌의 '면'이다. 면 지역의 인구통계를 보면 인구 감소 추세가 매우 심각하다. 전국의 면 지역 인구는 2010년 509만여 명에서 2020년 467만여 명으로 크게 줄었다. 10년 만에 42만 명이 감소한 것이다. 1개 면의 평균 인구도 2010년 4,241명에서 2020년 3,958명으로 줄었다.

그러나 현실은 이런 수치보다도 더 심각하다. 도시 주변, 새로 아파트 단지가 들어서는 일부 면을 제외하고 보면 인구 감소세는 더 가파르다. 전국 1,182개 면 가운데 인구가 2,000명에 못 미치는 면이 316개에 달한다. 2009년 인구 2,000명 미만의 면이 223개였던 것과 비교하면 10년 사이에 93개면이 늘었다.

면의 인구가 이렇게 줄어드는 것은 해당 지역은 물론이고 국가적으로도 심각한 문제다. 면에 사는 인구는 전체 인구의 10%도 안될 정도로 줄었지만, 면이 국토 면적에서 차지하는 비율은 73%에 달한다. 이렇게 광범위한 지역이 공동화되고 있다면 이는 '균형'이라는 관점에서도 우려스러운 일이다.

한편 농촌 문제를 얘기할 때 군郡을 중심에 두는 것도 문제다. 지금은 면이 군의 하부 행정조직이지만, 1961년 이전에는 면이 기초 지자체였다. 면장과 면의원을 주민 직선으로 뽑는 지방자치의 단위였다.

유럽과 일본에서도 농촌지역의 지방자치는 우리의 읍·면 단위 정도에서 하는 것이 일반적이다. 그런데 군사정권이 들어서면서 지방자치가 중단됐고, 1991년 지방자치가 부활하는 과정에서 군 단위로 농촌지역 지방자치가 편제되면서 면은 더욱 어려워졌다.

지금 농촌의 현실을 보면 읍 지역 중에도 어려운 지역이 있지만, 면 지역의 인구 감소와 고령화가 가장 심각하다. 이것은 농촌의 지속가능성에 크나큰 위협이 될 뿐 아니라 국가적으로도 큰 문제다. 따라서 지역 균형 발전과 관련된 논의의 획기적인 전환이 필요하다. 지금은 면을 살리는 것이 지역 균형 발전을 이루는 길이고, 기후위기 시대에 국민의 생존과 안전을 확보하는 길이다.

6장

지방자치,
이대로 둘 것인가

작은 일을 하기에는 너무 크고 큰일을 하기에는 너무 작아진 국가는
앞으로 새로운 역할을 요구받게 될 것이다.
그 새로운 역할은 지방자치와 밀접하게 연관되어 있다.
중앙 권력과 지방 권력의 재정립이 필요하기 때문이다.
권력 관계가 재정립되는 과정에서 자연스럽게 역할도 재정립되어서
시대 사명에 맞는 새로운 역할을 맡게 될 것이다.

헌법부터 시대정신에 맞도록

지방자치가 시작된 지 벌써 31년이 지났지만, 여전히 많은 문제가 남아 있다. 진정한 지방분권까지는 아직 갈 길이 멀고, 당장 우리나라의 권력과 돈이 서울에 집중되어 있다.

사정이 이렇다 보니 지방의 '힘'과 '권한'은 뒷걸음치고 있다. 이대로 개선 없이 시간만 더욱 흐른다면 '지방은 앞으로 무엇을 먹고 살 것인가'라는 자조가 나올 정도다.

우리나라 미래 발전의 동력을 얻기 위해선 지방분권형 개헌 등 분권 과제 추진이 절실하다. 지방자치 실시 30년이 지났지만, 지방분권은 제대로 이뤄지지 않고 있다. 오히려 수도는 서울이라는 관습 헌법과 같은 잘못된 인식에 갇혀 있어 지방분권과 균형 발전은 간데없고 갈수록 정치, 경제, 문화의 서울 집중이 커지고 있다.

지방자치와 지방분권의 관점에서 우리나라의 현재 헌법은 심각한 한계가 있다. 현재 헌법에서 지방자치를 규정하고 있는 조항은 제117조와 제118조 단 두 조항밖에 없는데, 이 두 조항이 문제다.

헌법 117조에는 "법령의 범위 안에서 자치에 관한 규정을 제정할 수 있다" 고 규정하고 있고, 헌법 118조에는 "지방자치단체의 조직과 운영에 관한 사항은 법률로 정한다" 로 나와 있어 지방자치단체를 중앙정부의 하급 집행기관쯤으로 여기고 있다. 이처럼 자치입법권과 자치조직권을 무력화하여 지자체가 자율적으로 지역발전을 도모할 수 있는 여지를 막아버리는 현재의 헌법은 개정되어야 마땅하다.

최근에 나타나는 지방재정제도 개편 문제나 누리과정을 둘러싼 교육자치단체와 중앙정부의 갈등 등도 모두 중앙정부의 일방적 결정에 따라 초래된 문제였다. 중앙정부와 지방정부의 관계를 대등한 협력 관계가 아닌 보증한 종속 관계로 파악하기 때문에 지방정부와의 협의를 거치지 않고 중앙정부가 일방적으로 제도를 도입하고 시설의 설치를 의무화하는 중앙집권적 행태가 되풀이되고 있다.

중앙정부의 역할과 지방정부의 역할에 대한 명료한 구분이 없고, 특히 새로운 제도나 시설의 설치에 관한 재원 조달 방안을 일방적으로 지방에 떠넘기는 행태가 되풀이되고 있다. 헌법에 지방자치에 관한 규정을 좀 더 구체적으로 설정하여 중앙정부가 일방적으로 지방자치를 재단하지 못하도록 해야 한다. 자치단체의 종류, 중앙정부와 지방정부 간의 권한 배분, 국세와 지방세의 배분, 지방의회의 입법권의 범위, 중앙정부와 지방정부 간의 관계와 갈등조정장치 등을 헌법에 명문화할 필요가 있다.

개헌 필요성과 당위성에 대한 논의가 아직 정치권과 일부 전문가들에게 머물고 있다. 따라서 정치권발 개헌 논의를 국민 여론발 개헌 논의로 전환하는 여론 확산이 필요하다. 이를 위해 지방 4대 협의체를 중심으로 전국의 지방분권추진협의회, 지방분권운동가, 모든 지방 관련 학회 및 시민단체, 지역언론단체를 묶는 연대협의체 구성이 시급하다. 미디어를 통한 여론 확산, 심포지엄, 세미나, 토론회, 간담회 등의 공개행사, SNS를 통한 공감대 형성 등 다양한 수단과 방법이 강구돼야 한다.

가령, "지방분권 개헌이 일자리를 만들고 경제를 살린다"는 피부에 와 닿는 주장으로 '개헌이 바로 내 문제라' 는 인식을 확산시키는 전략이 필요하다.

지방분권은 재정분권부터

지방분권의 핵심요소는 재정분권이다. 현재 우리나라는 중앙정부 세출과 지방정부 세출 비중이 4:6이지만, 국세와 지방세 비중은 8:2로 비정상적인 비대칭 구조다. 이처럼 지방정부 세출 규모에 비해 크게 부족한 지방정부 세입 탓에, 지방재정의 중앙정부 의존성이 심각하다.

그런데 지방의 중앙의존적 세입 구조가 좀처럼 개선될 낌새를 보이지 않고 있다. 이를 개선하려면 누리과정의 예를 보듯이, 중앙정부가 하겠다고 공약한 중앙정부 일을 지방정부 재정으로 떠넘기는 일은 더는 하지 말아야 한다. 또 이미 중앙정부가 수차 공언했지만, 아직도 실현되지 못하는 지방소비세 세율을 현행 부가가치세 11%에서 16%로 인상하기로 한 약속을 지켜야 한다. 중장기적으로는 국세와 지방세의 세원을 재배분하여 총 조세 중 지방세의 비중을 현행 20% 수준에서 최소 40% 수준으로 높여야 한다.

지방재정의 자율성과 책임성을 높이기 위해서는 우선 권한배분과 세원배분의 비대칭성을 시정해야 한다.

세원배분의 조정을 위해서는 세수 탄력성이 높은 지방소득세와 지방소비세의 세율을 인상하는 방안이 우선이다. 특히 누진세율 구조로 인해 소득 격차보다도 세수 격차가 더 크게 발생하는 지방소득 세제를 비례세율 구조로 바꿔야 한다.

지방소비세의 세율을 인상하되 배분 방식을 근본적으로 바꿔 지방세 원칙에 부합하도록 바꾸는 동시에 지역 간 수평적 재정조정 제도를 도입해야 한다. 지방세의 확충은 우선 국세 세원의 지방이양과 함께 지방이 탄력적으로 과세대상을 선택할 수 있도록 임의 과세제도를 확대해야 한다. 지역자원 시설세의 과세 대상에 각 지역에 존재하는 세원을 나열하고 각 지역이 지방의회의 동의를 받아 과세할 수 있도록 하는 방안이다.

지방분권은 실질적 지방자치를 보장, 실현하는 것이다. 균형 발전의 경우 수도권 혹은 특정 지역에 편중된 인구, 경제력 등이 전 국토가 균형적으로 발전하는 것으로 이해하면 된다. 따라서 양자는 따로 독립될 수 없고 같이 굴러가야 한다. 지방분권 및 지역 균형 발전을 위해서는 이를 국정 운영의 기조로 삼아야 한다. 수도권과 비수도권의 상생 해법을 구하고 중앙정치 예속화 탈피를 위한 지방선거 정당공천제의 근본적 재검토가 필요하다. 지역인재 육성 체계적 관리 및 실질적인 세원 이양을 위한 지방재정을 확충해야 한다.

지금까지 우리나라 균형 발전이 제대로 안 된 근본적 이유는 중앙집권적 국가였기 때문이다. 다른 나라 예를 보더라도 중앙집권적 국가일수록 수도에 대한 집중도와 지역 불균형 정도가 심하다. 균형 발전을 위해서는 우선 먼저 지방분권을 통해 지방에 권한을 내려주어 지역이 스스로 발전할 수 있는 시스템을 만들어 주어야 한다. 현재의 심각한 불균형 구조를 개선할 수 있도록 중앙정부가 재정 투자에서 필요한 역할을 해야 한다. 불균등한 지방재정 구조도 발전지역의 세원을 미발전지역으로 분배하는 수평적 지방재정 조정제도 등으로 풀어야 한다.

03

좀 더 효율적인 의정 활동을 위하여

국회의원 1명당 7~8명의 전문보좌 인력이 의정 활동을 지원한다. 반면 지방의원은 전문보좌 인력이 없어 입법 활동, 정책 연구, 의정 활동 등에 지장이 있다. 2022년부터 시행되는 개정 지방자치법으로 지방의원의 운신 폭이 넓어지면서 어느 정도 보완되기는 했지만, 아직 적잖이 부족한 실정이다.

지방의원의 전문성을 강화하려면 지방의원 교육훈련 전담기관을 설립하여 지방의원의 역량을 강화하고, 의원 1인당 1보좌 인력을 지원할 필요가 있다. 또 지방의회의 인사권 독립이 필요하다.

현행, 지방의회 사무처장을 포함한 사무직원은 지방의회 의장의 추천에 따라 지자체장이 임명한다. 이런 경우 지방의원의 의정활동을 적극적으로 지원하기가 현실적으로 곤란하고, 잦은 인사 이동으로 지방의회 업무의 연속성과 전문성 축적이 곤란하다. 이와 함께 시정요구권 행사와 처리결과 의회보고 의무화 등 행정사무 감사 실효성 강화가 필요하다.

근본적으로 지방분권 개헌을 통해 지방의회의 입법권을 독립적으로 보장하는 것이 필요하다. 의회의 인사권 독립문제는 광역단위의 인사 교류를 전제로 의장에게 인사권을 부여하는 방안도 검토할 필요가 있다. 지방의원의 전문성 제고는 선출직의 경우 특별한 제도적 장치를 구하기 어렵지만, 비례대표의 수를 확대, 분야별 전문가가 참여할 기회를 확대하는 것이 필요하다.

지방정부와 지역 주민의 권한과 함께 책임을 늘리는 제도 개혁이 필요하다. 2014년 세월호 참사, 2015년 메르스 사건에서 보듯이, 어떤 사안이나 문제가 생겼을 때 현장에서 즉시 대응할 수 있는 현장 행정 역량이 국민의 안전과 생명을 보호하고 국가 경쟁력을 결정한다. 그런데 우리나라는 아직도 많은 의사결정 권한이 중앙에 집중되어 있고, 지역은 중앙에서 결정한 것을 단순히 집행하는 역할에 머물러 있는 것이 현실이다.

지방정부와 지역 주민이 지역의 사안을 스스로 결정하고 집행할 권한이 없어서 나타나는 부작용이다. 따라서 지금 우리 사회에 필요한 가장 중요한 개혁 방향은 중앙정부에 집중된 권한을 지방정부와 지역 주민에게 과감하게 이양, 실질적인 자치분권 국가로 만드는 일이다. 이는 단순히 중앙정부와 지방정부 사이에 권한과 재정을 둘러싼 싸움이 아니라, 국민의 안전을 지키고 행복을 증진하는 국가 시스템을 재구성하는 일이다.

주민의 참여를 확대하기 위해 다양한 주민 교육 프로그램을 시행할 필요가 있다. 자치 행정의 자율성과 책임성이 동시에 구현될 수 있도록 권한 배분과 세원 배분 그리고 재정조정 제도가 세출과 세입의 자치를 확충하는 방향으로 개선되어야 한다. 주민의 서비스 요구와 조세 부담 의지가 조화를 이룰 수 있도록 주민설명회를 확대해야 한다. 주민 없는 주민참여 예산제도는 무용지물이기 때문이다.

끝으로, 현행 헌법의 지방자치 조항이 다분히 추상적이어서 구체적인 규정이 미비하므로 반드시 지방분권형 개헌이 추진되어야 한다. 지방분권 운동이야말로 국가를 살리는 길이고, 민주주의를 완성시키는 최선의 방책이다. 지방분권 반대의 빌미가 되는 지방의 비리 부정부패 행태를 불식시키기 위한 지역 혁신과 '깨끗한 지방자치 운동'도 전개되어야 할 것이다.

결국, 지방자치는 '누가 잘하느냐'의 구조가 되어야지 '누가 말 잘 듣느냐'의 구조가 되어서는 안 된다. 지방 주민들은 그걸 분명히 알고 여러 지방 정치인들 중에서 옥석을 가려야 한다.

"아주 가난한 사람과 아주 부자인 사람의 격차가 큰 나라를 부국이라고 하지 않는다."

애덤 스미스가 한 말이다. 지방분권이 작금의 현실을 치유해줄 만병통치약은 아니다. 하지만, 지방분권이 안 되면 건강한 신체를 유지할 수 없다는 것만큼은 분명한 사실이다.

지방의회 부활 31년, 민선 지방자치 27년을 맞아 성숙한 지방자치를 국민의 품으로 온전히 되돌려줄 때다. 중앙과 지방의 균형 있는 분권 실현과 지방자치의 조직권, 입법권, 제정권이 확실히 보장되도록 개선해 진정한 지방자치를 실현해야 한다.

지방분권 운동은 참여, 연대, 생태라는 기본 가치를 지향하면서 주민 중심적이고 공동체 지향적이며 지속 가능한 21세기 새로운 국가 발전 패러다임을 만드는 대안 운동이다.

04

지방자치의 현실과 새로운 시각

지방자치 역사 72년, 지방자치 부활 31년을 맞아 이제 진정한 지방자치에 대해 숙고할 때가 되었다.

앞에서도 언급했듯이 지방자치 하면 대개 분권의 문제, 행정권 배분의 문제로만 인식하는 경향이 강하지만, 그보다 더 중요한 문제가 있다. 주민의 자발적 참여다. 주민의 참여야말로 단체장을 중심으로 한 행정적 통제의 한계를 극복할 수 있는 유일한 대안이다. 그러므로 지방자치는 이제 주민이 참여해서 주민이 이끌어가는 진정한 시스템을 만들기 위해 과감한 제도적 변화가 필요하다.

지방자치에 근본적인 변화가 필요한 것은 역사 발전에 따른 자연스러운 흐름이기도 하다. 우리 사회는 이제 더는 강력한 동원력을 바탕으로 하는 개발독재 사회가 아니기 때문이다. 정치적으로는 민주화가 갈수록 성숙하는 시대, 경제적으로는 저성장과 저고용의 시대가 될 것이고, 사회적 이해관계가 다원화하고 경제행위자의 역할이 강화되면서 국가의 주도력이 그만큼 약화할 것이다. 지금은 코로나 비상시국이어서 국가, 즉 중앙정부의 역할이 일시적으로 강력하게 작동하고 있지만, 장기적 추세로 보면 국가의 역할은 유연해질 수밖에 없다.

'작은 일을 하기에는 너무 크고 큰일을 하기에는 너무 작아진 국가'는 앞으로 새로운 역할을 요구받게 될 것이다. 그 새로운 역할은 지방자치와 밀접하게 연관되어 있다. 중앙 권력과 지방 권력의 재정립이 필요하기 때문이다. 권력 관계가 재정립되는 과정에서 자연스럽게 역할도 재정립되어서 시대 사명에 맞는 새로운 역할을 맡게 될 것이다.

최근 언론 보도를 보아도 지방소멸의 문제가 생각보다 심각해서, 신속한 대책을 세우지 않으면 도미노처럼 이어질 지방소멸을 막을 방책이 없다. 그래서 지속 가능한 발전의 원동력으로서 지방자치에 초점을 모아야 할 때다. 그러려면 지역과 기능으로 분산된 하위단위에서 참여와 협력에 기반한 분산형 시스템을 만들어 실질적 분권과 분산이 이루어지고 주민의 참여와 자율에 기반하는 새로운 패러다임을 모색해야 한다.

우선 하나로 연결되어 완결성을 가진 정치·사회·문화적 지역 생태계를 만드는 시각에서 접근할 필요가 있다. 실질적 분권 분산의 체계를 갖춘 미래형 거버넌스 구축이 절실하다는 말이다.

우리나라 지방자치 역사의 대강을 살펴보면 파란만장하다. 1948년 제헌헌법에 자치규정이 포함되고, 1949년 7월에 지방자치법이 제정되었다. 이윽고 1952년 4월 25일에 이승만 대통령이 지방선거를 전격 실시한 것은, 국회에서의 정치적 열세를 지방의회를 이용하여 만회하고 전국적 세력 기반을 확보하고자 한 의도가 다분했다.

1961년 5·16 군사 쿠데타로 지자체가 해산당하고, 유신헌법에 "조국 통일이 이루어질 때까지 지방의회를 구성하지 않는다"는 조항이 들어감으로써 지방자치는 기약도 없이 사라지고 말았다.

이후 1987년 대통령 선거에서 노태우 후보가 지방자치 실시를 공약했고, 1990년 10월 김대중 총재가 지방선거 실시를 요구하며 단식 투쟁에 들어갔다.

1991년 마침내 지방선거가 실시되었다. 3월 26일 선거에서는 시군·구의회 의원을 선출하고, 6월 20일 선거에서는 시도의회 의원을 선출함으로써 지방자치 시대가 다시 열렸다. 1995년 6월 27일에는 첫 동시지방선거단체장 포함가 실시되었는데, 중앙권력의 단체장 임명권 폐기에 초점을 두었다. 그리하여 부정선거를 획책할 수 없고 지방단체장이 공무원의 선거 개입이나 여당 후보 봐주기를 포함한 중앙의 눈치를 보지 않도록 하는 제도적 환경 마련에 의미를 둔 선거였다.

1999년 1월에 중앙행정 권한의 지방 이양 촉진 등에 관한 법률이 제정되어 지방자치 기반이 크게 확장되기는 했지만, 상·하급 관공서 간의 분권 측면, 상명하달식 의사전달 체계, 중앙의 일방적 결정으로 추진되는 행정 집행 관행에 대한 근본적인 개선이 결여되었다.

그밖에도 지방자치의 문제점은 중앙에 여전히 종속적인 위치, 단체장 직선과 지방의회 구성 이외의 변화를 찾아보기 어려워서 권한에서 불평등은 여전하고 중앙의 개입에 자유롭지 못한 것들이 남아 있었다. 여기에는 지방자치의 제도적 획일성의회 의원의 구성, 임기, 선거제도, 지방 거버넌스 방식이 일률적으로 적용, 지방정치의 자율성 부재 같은 문제도 갈피갈피 개입되어 있다.

이런 현상을 타파하려면 지방자치를 바라보는 새로운 시각이 필요하다. '제도나 인식의 개혁은 지방으로부터 시작되어야 한다'는 것, '지방이 하나의 공동체'라는 인식, '지방이 모여 국가가 된다'는 발상의 전환이 필요하게 된 것이다.

정치가 사람들이 생활하는 그 자리에서 빚어지는 갈등과 문제를 해결하여 더 나은 삶의 수준을 달성하려는 노력으로 이해되어야 하며, 그 중심은 주민들의 생활이 실제로 일어나는 지방이 되어야 한다. 이것이 바로 지방정치의 의미, 지역 주민이 자기 결정성과 자기 책임성에 근거한 지역의 문제 해결이라는 풀뿌리 민주주의다.

민주, 자유, 경제성장, 국토개발의 이슈에서 교육, 고용, 주택, 세금, 환경, 연금 등의 이슈에 관심이 쏠리면서 생활정치가 부상하게 되었다. 이에 대한 기본적 조건은 중앙정부가 마련하지만, 현장 대응은 지방정부가 잘할 수 있다.

현재의 지방자치는 서울과 수도권을 제외하고 사실상 일당 지배가 장기간 지속되고 있다. 지역 내부의 정치적 다양성이 정치제도를 통해 효과적으로 반영되지 못하고, 정치적 경쟁도 제대로 이루어지지 못하고 있다. 지방정부와 단체장에 대한 효과적인 견제와 균형의 원리를 실현하지 못하게 하고 정치적 책임성도 제대로 따지지 못하게 하고 있다. 학연 등으로 얽힌 지역 내 소수 엘리트가 중앙정치와의 연계 속에서 지역정치를 좌지우지하는 폐단이 있다. 이를 해결하려면 지방 통치 구조의 다양화와 과감한 분권이 필요하다. 서울과 강원도가 같은 체제로 운영될 필요는 없는 것이다. 이 역시 새로운 시각이다.

05

지방자치와 민주주의

돌이켜보면 1991년 무렵은 민주주의의 거대한 전환기였다. 국내적으로는 군사독재에서 민주화 시대로의 이행기였으며, 국제적으로는 미국과 소련 중심의 진영 간 냉전이 해체되고 새로운 국제 질서가 형성되는 시기였다. 그 속에서 민주화 세력은 사회 변혁에 대한 열정과 냉정, 희망과 절망, 위기와 기회를 동시에 대면해야 했다.

1987년 6월 항쟁으로 우리는 군사독재의 호헌을 철폐시키고 대통령 직선제를 쟁취하는 역사적 승리를 거두었다. 그해 대선에서 야권의 분열로 정권 교체를 이루지는 못했지만, 사회 변혁을 위한 민중의 거대한 물결은 더욱 도도해졌다.

1988년 총선에서 여소야대 정국을 만들었고, 이어 지방자치제를 부활시켰다. 각계각층에서 민중 결사체가 등장하여 세력을 확장했고, 대중운동의 의제가 확장되었으며, 새로운 운동 방식을 표방하는 시민단체도 등장했다. 그러나 1990년 2월, 김영삼이 군사독재 세력과 야합하여 민주자유당을 창당하는 통에 민주화의 발걸음에 찬물을 끼얹었다.

1991년 정국을 통과한 세대는 사회에 진출하면서 1991년 투쟁의 좌절을 딛고, 오히려 깊이 성찰하고 다짐하며 변화된 시대에 발맞추는 새로운 운동을 모색하였다. 정치 민주화를 넘어 사회경제의 개혁과 환경·젠더·인권 같은 시대 인식의 전환으로까지 의제의 다변화를 모색했다. 특히 1994년 전국동시지방선거의 의미를 분석하면서 중앙권력의 교체만이 아니라 지방 권력의 민주화와 풀뿌리 자치를 내걸고 다양한 청년운동, 시민운동을 모색했다.

지방선거가 다시 실시된 지 30여 년, 그새 국민의 높아진 주권의식과 지방분권을 요구하는 바람의 크기에 비해 지방자치의 발전은 더뎠지만, 지방자치법, 지방재정법, 공직선거법 등이 여러 차례 개정되면서 지방자치단체의 권한과 역할이 높아졌고, 지방 분권과 균형 발전 정책이 다양하게 시도되었다. 지방선거의 정치적 위상과 영향도 높아졌으며, 32년 만에 지방자치법이 전면 개정되어 지방자치의 위상과 권한, 역할이 더욱 높아졌다.

물론 자치입법권 부재 등 제도적 한계로 인해 국회 입법의 틀에 갇히고, 정부 정책을 따라가기 바쁜 형국이지만 때로 중앙권력이 보수화되거나 정쟁으로 인해 개혁이 지체될 때 지방이 선도한 정보공개, 부패방지, 무상급식, 청년수당, 사회적 경제와 마을 자치, 기본소득 등 개혁 정책들이 전국화되고 중앙정치의 변화를 이끈 사례도 적지 않다. 지방정치에서 검증받고 두각을 나타낸 사람이 국회의원이나 장관, 대통령 등 중앙정치의 리더가 되는 과정도 중요한 정치 모델이 되었다.

지역운동 단체의 활동도 왕성해지고 영향력도 높아졌다. 지역운동 단체는 각종 비판 성명과 규탄 기자회견, 정보공개 청구 및 감사청구, 공익 고발 등을 통해 정당 권력을 중심으로 한 지방 권력의 부패 방지, 감시 활동을 일상적으로 펼쳤다. 선거 시기에는 투표 참여 운동, 후보자 정보공개와 부적격후보 낙천낙선 촉구 활동 등이 이어졌다.

그러나 수많은 유의미한 활동과 약간의 발전에도 불구하고 지방자치의 현실은 변화하는 시대적 요청, 높아진 시민의 기대에 미치지 못하고 있다.

한국 사회의 자치분권 수준과 법 제도적 한계로 인한 지방자치의 문제는 정부와 국회 등 중앙정치 차원에서 문제를 풀어야 하지만 지역별 비교 상황에서 나타나는 문제는 그 지역의 정치, 행정 역량 및 시민사회 역량의 문제로써 주체적으로 풀어내야 한다.

그런데도 선진국 대열에 들어선 나라치고는 너무나 중앙집권적 인 체제에서 자치입법권, 자치재정권, 사무조직권 등의 저열한 분 권 수준은 지역 간 역량 편차를 넘어 모든 지역 자치역량의 발전을 제약하고 있다. 개정된 지방자치법이 본격적으로 시행되면 얼마 간 변화는 있겠지만 지방자치를 제약하는 핵심적 요소들은 그대 로 남아 있다.

물론 현재 한국 도시들의 지방자치 역량, 특히 정치 독점으로 인 해 역동성이 떨어지고 관료화와 기득권 연합이 구조화되고 있는 영호남 지역 등의 경우 이 상태에서 더 많은 권한과 역할을 부여했 을 때 오히려 더 많은 부패와 부작용이 염려된다는 지적도 일리는 있다. 그러나 이 문제는 더 많은 자치권을 주되 주민들의 참여와 자치 역량을 높이고, 직·간접적 통제 권한을 제도적으로 부여하 는 것과 병행해야 할 문제이지 중앙권력의 시각에서 자치분권을 억제할 일은 결코 아니다.

더욱 중요한 것은 지방의 자기혁신이다. 물론 여기서도 중요한 것은 정치 독점을 고착시키는 현행 소선구제 등 선거법을 바꾸는 것은 필수다. 광역의회 소선구제는 일당 또는 양당의 정치 독점을 제도적으로 보장하는 기제로 작동하며, 양당체제 밖 주권자들의 개혁 요구를 정치적으로 봉쇄하고 있으며, 결선투표 없는 단체장 선거도 마찬가지다.

기초의회도 2~4인 선거구제로 바뀌기는 했으나 실제로는 거대 양당의 야합으로 인해 4인 선거구는 아예 없는 실정으로 기껏해야 거대 양당이 양분하거나 영호남에서는 일당이 독점하는 상황이 바뀌지 않고 있다. 따라서 광역의회 비례대표의 획기적 확대, 단체장 결선투표제, 지역 정당 설립 허용, 기초의회 중대선구제 또는 정당공천제 폐지 등이 반드시 필요하다.

시민운동은 무엇보다 세대 간 단절을 극복해야 한다. 이것은 비단 시민운동만의 문제도 아니고, 노력한다고 쉽게 성과를 볼 문제도 아니다. 물론 세대 간 소통, 대중성 확보를 위해 진보성을 희석해서도 안 된다. 그럴지언정 소명을 다하고 사라지는 게 나을지도 모른다. 그러나 운동의 지속성은 사회 변화의 흐름에 묻어간다고 자연스럽게 형성되는 것은 아니다.

진정한 지방자치 실현에 대한 의지

해마다 10월이면 기념일이 많아 휴일도 많다. 개천절과 한글날이 대표적이고, 국군의 날과 유엔의 날도 10월에 있다. 여기까지는 거의 다 알지만, 10월 29일이 '지방자치의 날'인 줄 아는 사람은 거의 없을 것이다. 지방자치의 날은 말 그대로 지방자치에 대한 국민의 관심을 높이고 그 성과를 공유하기 위해 지정된 기념일이다.

지방분권 국가 실현에 대한 강력한 의지를 가진 문재인 대통령은 지방자치의 날은 물론이고 기회 있을 때마다 그 필요성을 천명하고 실질적인 조치가 취해지도록 일관되게 노력해왔다. 지방자치법 전부개정안에도 대통령의 의지가 크게 반영되어 있다고 할 수 있다.

지난 2018년 지방자치의 날 기념식에 참석한 문 대통령은 기념사에서 "자치분권의 핵심은 재정분권이며, 지방이 주도적으로 지역 문제를 해결할 수 있도록 지방재정 제도의 큰 틀을 바꾸어나가겠다"고 밝힌 이후 약속을 단계적으로 하나씩 실천해오고 있다.

그리하여 2019년부터 단계적으로 지방소비세율을 인상하여 지방재정 부담을 줄일 수 있도록 하는 가운데 임기 내에 국세와 지방세 비율을 7대 3으로 만들고, 장차 6대 4까지 갈 수 있는 토대를 만들겠다고 약속했다.

특히 자치분권 종합계획을 실행을 위한 지방자치법 전부개정안에 대해 상세히 설명하면서 "주민 스스로 자신과 공동체의 삶을 바꿔나갈 수 있도록 주민참여 제도를 대폭 확대했으며, 주민이 의회에 직접 조례를 발의할 수 있는 '주민조례발안제'를 도입하고, 주민소환과 주민투표의 요건과 절차를 과감히 개선해 진정한 주민주권이 실현되도록 했다"고 덧붙였다.

대통령은 이어서 "단체장에게 속해 있던 지방의회 소속 직원 인사권을 시도부터 단계적으로 독립시키겠으며, 자치입법과 감사 활동을 제대로 할 수 있도록 '정책지원 전문인력 제도'의 도입도 추진하겠다"고 의지를 피력했다.

사실 문 대통령은 2017년 지방자치의 날 기념사에서도 지방자치에 대한 중요한 비전과 발전 계획을 밝힌 바 있다. 중요한 대목만 보면 이렇다.

"자치 단체가 지역 주민을 위한 조직으로 거듭났습니다. 과거 자치단체는, 지역의 특색이 없는 일선 행정조직에 불과했습니다. 그러나 지금은 지역 주민과 긴밀히 함께하고 있습니다. 새롭고 창의적인 사업의 아이디어 뱅크가 되고 있습니다. 지금 이곳 홍보관에는 광역자치단체에서 읍·면단위 주민자치센터에 이르기까지 모범 사업들이 전시되어 있습니다. 지역 특성에 맞게 발전한 자치단체들의 모습, 산업과 환경, 교육, 복지 정책 등 그 영역도 매우 다양합니다. 권한을 지역으로 분산하니, 자치단체는 주민을 위해 힘쓰고 그 혜택이 고스란히 지역 주민에게 돌아가고 있습니다. 정치 영역에서의 성장도 괄목할 만합니다.

지방선거를 통해 발굴된 지역 정치 지도자들이 주민자치와 풀뿌리 민주주의 활동을 통해 훌륭한 정치인으로 성장하고 있습니다. 그 속에서 국회의원도 나오고 광역단체장도 나오는 새로운 정치문화가 만들어지고 있습니다. 이는 중앙집권적인 정치 풍토를 개선하고 정당 민주화를 이루는 데 큰 기여를 하고 있습니다. 지난 대선 때 여야 각 정당에서 여러 자치단체장 출신 후보들이 대통령 후보 경선에 나섰습니다. 불과 몇 년 전만 해도 상상하지 못했던 일입니다. 그만큼 지방의 정치 역량이 성장했다는 방증일 것입니다.

　정부는 이러한 성과에 기반하여 새로운 지방분권과 국가균형발전 시대를 열겠습니다. 우리나라는 오랫동안 수도권 중심의 불균형 성장 전략을 취해 왔습니다. 그 결과 수도권은 비대해지고 지방은 낙후되고 피폐해졌습니다. 사회문화적인 차별도 생겼습니다. 수도권 1등 국민, 지방 2등 국민으로 지역과 국민이 분열되었습니다. 지방이 튼튼해야 나라가 튼튼해집니다. 새 정부는 수도권과 지방이 함께 잘사는 강력한 지방분권 공화국을 국정 목표로 삼았습니다. 흔들림 없이 추진해 가겠습니다.

　첫째, 명실상부한 지방분권을 위해 지방분권 개헌을 추진하겠습니다. 제2국무회의를 제도화하고, 자치입법권, 자치행정권, 자치재정권, 자치복지권의 4대 지방 자치권을 헌법화하겠습니다.

　지방자치단체를 지방정부로 개칭하는 내용도 헌법에 명문화되어야 한다는 생각입니다.

　둘째, 개헌과 별도로 실질적인 지방분권을 확대하겠습니다. 국가 기능의 과감한 지방 이양에 나서겠습니다. 내년부터 '포괄적인 사무 이양을 위한 지방이양일괄법'의 단계별 제정을 추진하겠습니다. 주민투표 확대, 주민소환 요건 완화 등 주민직접참여제도도 확대해 가겠습니다.

지방재정 자립을 위한 재정분권도 강력하게 추진하겠습니다. 국세와 지방세 비율을 7:3으로 이루고, 장기적으로 6:4 수준이 되도록 개선하겠습니다. 열악한 지방재정을 지원하기 위해 고향사랑 기부제법 제정도 추진하겠습니다. 자치경찰제와 교육지방자치 등 지방자치의 영역도 확대해 가겠습니다.

셋째, 국가 균형 발전을 한 차원 더 높이기 위해 혁신도시 사업을 보다 강력하게 추진하겠습니다. 수도권이 사람과 돈을 빨아들이는 블랙홀이 되도록 방치해서는 안 됩니다. 지금 전국 각지의 혁신도시들이 지역경제 활성화와 지역 성장의 거점이 되고 있습니다. 혁신도시를 대단지 클러스터로 발전시켜 지역산업의 경쟁력을 확보하고, 정주 여건을 개선해 온 가족이 함께 거주하는 자족도시로 키워가겠습니다.

존경하는 국민 여러분, 지방분권, 국가 균형 발전은 결코 포기할 수 없는 국가 발전의 가치입니다. 수도권과 지방이 상생과 협력 속에 지속 가능한 발전을 이룰 수 있는 최고의 국가 발전 전략이기도 합니다."

　바로 이날 지방 4대 협의체가 '자치분권 여수 선언'을 채택했다. 대통령도 이에 대해 깊은 감사를 표시했다. 대통령은 직속 자치분권위원회까지 구성하며 주민 중심의 균형 발전을 목표로 자치분권을 최우선 국정과제 중 하나로 내세워 추진해오고 있어 우리 지방자치의 미래가 어둡지만은 않다.

지방자치법 개정과 지방자치의 미래

지난 2020년 12월, 지방자치법 전부개정안이 통과되었다. 이번 법안 통과는 1988년 이후 약 32년 만에 이뤄진 전면 개정으로 지방의회 독립성 및 투명성 강화와 함께 대도시 등에 특례시 부여 기준 등의 내용을 담고 있다.

하지만 32년 만에 이루어진 전면 개정에도 불구하고 마을공동체와 풀뿌리 자치 영역에서는 이번 개정안 통과가 마뜩잖은 구석도 크다. 통과 과정에서 주민자치회 관련 조항이 모두 삭제되었기 때문이다.

애시당초 지방자치법 전부개정안 13조 3항에는 주민자치회 근거를 마련하고 이를 활성화하기 위한 관련 내용이 담겨 있었다.

현재 전국 각지에서 생겨나고 있는 주민자치회는 '지방자치 분권 및 지방행정 체제 개편에 관한 특별법'과 조례에 근거한 조직으로 실제 활동을 진행하는 과정에서 여러 제약에 부닥칠 수밖에 없었다. 가령, 주민자치회 간사가 인건비를 지급받는 문제, 주민자치회가 실제 사업 수행을 위해 사업을 수탁 받는 문제 등에서 관련 규정이 없어서 행정적으로 제약이 따른다. 현행대로라면 주민자치회가 마을의 발전을 위해 수익 사업을 하고 싶더라도 주민자치회는 주민자치회와 연계한 사업실행법인을 별도로 설립해야 한다. 마을의 공공자산커뮤니티센터, 체육공원, 주차장 등 관리위탁, 소규모 집수리 사업, 마을 안전 관리, 주거지 환경 정비 등의 사업 추진에 있어 주민자치회는 해당 사업의 주체가 될 권리가 없는 것이다.

이처럼 현재 진행되고 있는 주민자치회 시범사업은 주민자치의 권한 확대를 목적으로 하면서도 현실화 가능한 권한들은 현장에서 반쪽 정도밖에 이루어지지 못하고 있다. 주민자치회 관련 조항이 원안대로 통과되었다면 주민자치회는 비로소 법률적 근거를 갖춘 조직으로 거듭날 수 있을 텐데, 그런 기회를 놓치게 된 점이 못내 아쉽다.

이에 대해 마을공동체와 주민자치 관계자들은 우려를 표하는 가운데 주민자치회 조항 복구 및 주민자치 활성화를 위한 비상대책위원회가 전국에서 꾸려져 활동하는 가운데, 국회에서 주민자치회의 구성 권한을 지역이 갖게 하는 지방자치법 개정안을 다시 발의하는 등 보완의 움직임이 있다고 하니 관심 있게 지켜볼 일이다.

지방자치법은 말 그대로 지방에 자치권을 부여하는 법이다. 이 지방자치법은 1949년도에 처음으로 제정되었고, 이후 1988년도에 전부개정을 한 바 있다. 이 1988년 전부개정의 의미가 크다. 이때부터 지방선거가 시작되면서 지방자치 시대의 첫 서막을 열었다. 그러고 나서 32년 만에 다시 지방자치법 전부개정을 이루어내긴 했지만 앞서 얘기한 대로 핵심 조항이 빠져버렸다.

1995년 전국동시지방선거를 시작으로 해서 지방자치 시대가 열렸고, 풀뿌리 민주주의를 실현하기 위한 열망 또한 시대적 변화에 대응하기 위해서 지방정부나 지방의회에서 여러 차례 지방자치법을 개정하고자 건의했지만, 국회의 벽을 번번이 넘지 못했다. 늦게나마 법이 개정된 것은 다행이라 하겠지만 아직도 부족하고 개선해야 할 점이 많아서 아쉽다.

의회를 한 명의 사람으로 본다고 하면 사실상 이번에 전부개정이 있기 전까지 30여 년 동안 지방의회가 성장해 왔는데도 부족한 제도를 짜깁기하듯 기워 오다가 이번에 좀 제대로 손을 봤다고 할 수 있다. 그런데도 아직 우리 풀뿌리 민주주의를 제대로 담아낼 그

릇은 못 되지 않나 싶다.

사실 오랜만에 대대적으로 개편이 되어 긍정적으로 평가할 만한 부분도 적지 않다. 주민 주권의 구현 측면에서 보면 주민자치를 강화한 가운데 특히 주민이 직접 조례를 발안할 수 있는 제도가 명시된 데다가 그런 것을 청구할 수 있는 기준 연령도 18세로 낮춘 것이 평가할 만하다.

또 지방의회 측면에서는 독립성과 책임성을 명확하게 한 것이 바람직하다. 가장 뜨거운 쟁점이 되어온 정책지원 전문인력 제도를 도입한 것, 지방의회가 인사권을 독립적으로 갖게 된 것이 눈에 띈다. 그리고 지방행정 측면에서 보면 자치단체 기관 구성원을 다양화할 수 있는 문을 열어 놓은 게 돋보인다. 그리고 무엇보다 자치권의 확대는 계속 가야 할 방향이다. 입법하는 과정에서 전보다는 지방의회의 역할을 보장해주는 측면이 강화된 것이다.

지방자치의 현실과 어려움을 물으면 대다수는 지방자치 발전의 발목을 잡는 것은 열악한 재정자립도와 여전한 중앙집권적 시스템을 든다. 그렇다면 법과 제도가 바뀌기 전까지 새로운 주기를 맞고 있는 지방자치가 더 이상의 발전을 기대하기는 어려운 것일까. 물론 진보한 법과 제도가 뒤를 받쳐주는 것이 기본이고, 지방자치 발전에 날개를 다는 것이겠지만, 지방과 그 주민의 노력으로도 발전을 이룰 부분이 많다. 어쩌면 주민의 아이디어와 의지가 지방자치의 최고 자산일 수도 있다.

지방자치의 미래에서 법과 제도도 더할 나위 없이 중요하겠지만 가장 중요한 것은, 주민들의 민주시민으로서의 각성과 자치 구현에 대한 의지가 아닐까 싶다.

지방자치 시대를 열기까지

역사의 전환에는 늘 결단과 희생이 따르게 마련이다. 지방자치도 예외는 아니어서, 김대중 전 대통령이하 김대중이 '미스터 지방자치'로 불리게 된 내막이 전설처럼 개입되어 있다.

지방자치제는 민주제도의 핵심으로 민주주의와 지방자치제는 동전의 양면과 같다. 1948년 정부 수립 이후 우리나라 정치는 장기 독재 정치와 군부 통치가 오랫동안 이어져 온 탓에 지방자치제는 항상 대척점에 있었다. 김대중의 민주주의를 위한 투쟁은 동시에 지방자치 실시를 위한 독재와의 투쟁이었다. 故김대중 대통령이야말로 지방자치 실시를 위하여 오랜 기간 일관된 입장을 끝까지 견지하고 실천한 정치인이다.

"지방자치는 민주주의를 위해서 꼭 필요했다. 나는 지방자치 실현을 위해 의정 활동 전 기간에 걸쳐 싸웠다. 정치인 김대중에게 별명을 붙인다 '미스터 지방자치' 가 제일 어울릴 것도 같다. 1963년 제6대 국회의원 선거에서 당선된 이후 나는 예산 심의가 있을 때마다 지방자치를 실시하라고 요구했다. 때로는 몇 시간씩 이 문제를 추궁하기도 했다. 1971년 대통령 선거에 나섰을 때도 지방자치 실시를 주요 공약으로 내세웠다."

김대중의 회고 내용은 모두 그때의 역사 기록이다. 김대중은 5·16 군사쿠데타로 지방자치제를 송두리째 뽑아버린 박정희 군사정부를 상대로 지방자치제의 재실시를 위한 투쟁을 전개했다.

1967년 12월, 예산결산특별위원회 일문일답에서 국무총리와 내무부 장관을 상대로 지방자치 실시를 제기하였으며, 1969년 9월, 국회 본회의에서 지방재정과 자치의식의 취약성을 이유로 지방자치 실시를 피하는 정부에 대하여 국세의 지방 이양과 국고보조금 제도의 활용, 그리고 점진적 단계적 실시를 실천 방안으로 제시했다.

그는 1969년 11월호 〈사상계〉에 게재한 '체질개혁론-과감한 자기 개혁만이 살 길이다' 에서 지방자치 실시의 중요성을 다음과 같이 갈파하였다.

"그들은 헌법에 엄연히 규정된 지방자치 실시를 절대로 반대하고 있다. 지방자치가 의회정치와 더불어 민주주의의 양대 골격은 물론, 오늘날 명색이 민주주의 하는 나라에서 지방자치를 하지 않은 나라는 우리나라뿐인 것이다. 전화 속의 월남조차도 이를 실시하고 있다. 지방자치의 실시는 주민들의 복지와 자치 능력 향상 그리고 지방행정의 공정, 염결만을 위해서 필요한 것이 아니라 야당의 존립 발전을 위해서 불가결의 요소가 된다.

야당 출신의 지방의회의원이나 자치단체장 없이는 어떤 법률의 조문 가지고도 지방공무원의 선거 개입이나 부정행위를 견제할 수 없다. 그뿐 아니라 지방자치의 희망 없이는 도대체 덕망 있고 유능한 인사를 야당 대열에 끌어들이는 방도가 없는 것이다. 부정선거를 막지 못하고 조직을 강화할 방도를 갖지 못하는 야당이 어떻게 존립 발전할 수 있겠는가?"

이어 1970년 1월호 〈사상계〉에 발표한 70년대의 '비전-대중 민주체제의 구현'에서 이렇게 주창하였다.

"지방자치는 프랑스의 저명한 정치학자 토크빌이 '민주주의 발전의 온상'이라고 격찬했고, 단체법 이론으로 이름이 높은 오토 폰 기르케가 '인간의 협동성을 육성하는 기초'라고 갈파한 바 있으며, 의회주의와 더불어 민주정치의 양대 골간임은 주지의 사실이다. 그럼에도 불구하고 박 정권은 헌법에 명문으로 규정된 지방자치의 실시를 고의로 거부하고 있다. 현 정권은 세법 개정 기타 조치로서 얼마든지 개선할 수 있는 지방재정의 자립 문제를 명분으로 내세워 헌법이 규정한 지방자치를 거부하고 있으나 이것은 어디까지나 밖으로 내세운 명분에 불과하다. 그들의 진정한 의도는 국민 정치의식의 성장을 억압하고 행정 만능과 부정선거의 자유를 계속 확보하는 동시에 야당 정치세력이 야당다운 야당으로 발전할 전초기지를 말살하는 데 있는 것이다."

오랜 세월이 흘렀지만, 지방자치에 대한 정확한 이해로서 지금 이 주장을 반복해도 전혀 어색하지가 않다. 지방자치제에 대한 김대중의 입장은 1990년 10월 8일 지방자치 실시 관철을 위한 '단식투쟁에 들어가며' 라는 메시지에서, 그리고 1990년 10월 29일 '단식투쟁을 마치고' 의 기자회견에서도 한결같이 표명되었다.

김대중은 1971년 제7대 대통령 선거 신민당 후보로서 지방자치 실시를 공약으로 내세웠다.

"집권 1년 안에 지방자치 실시, 제1차로 시 · 도 및 시 · 군의회의 구성, 제2차로 자치단체장의 선출, 단 서울특별시, 부산직할시 및 각 도의 수장은 임명제를 계속 유지함으로써 중앙과 지방 간의 조화와 안정을 유지하겠습니다."

또 중앙 행정사무와 세금의 대폭적인 지방 이양, 수도권의 비대증을 해소하기 위하여 행정기구의 과감한 지방분산 단행 등을 공약으로 밝혔다.

박정희 군사정부는 3선 개헌에 이어 종신집권을 위한 유신헌법을 만들었다. 유신헌법 부칙 제10조는 "이 헌법에 의한 지방의회는 조국통일이 이루어질 때까지 구성하지 아니한다"고 규정하여 지방자치제 논의를 원천적으로 봉쇄해 버렸다. 긴급조치로 헌법을 부정·반대·왜곡·비방하는 행위와 이를 개정·폐지 등을 주장하는 행위 등을 금지하고 위반한 자는 비상군법회의에서 심판하도록 하였다.

지방자치의 절대 암흑시대였다. 김대중 또한 일정 기간 정치 활동이 금지되었다. 김대중은 자서전에서 박 대통령이 살해된 직후에 라이샤워 교수의 조언을 회고했다.

"우선이 지방자치 실시입니다. 민주화는 지방자치에서부터 시작합니다."

전두환 군사정부에서 정치활동이 금지되고, 연금이 해제된 후 정치활동을 재개하자 김대중은 평화민주당의 기본정책, 그리고 1987년 제13대 대통령 선거 등에서 지방자치의 전면 조기 실시를 내세웠다.

노태우 군사정부도 지방자치 실시를 피하고 있었다. 1988년 제
13대 국회가 여소야대 국회로 구성되자 당시 야 3당은 공조체제를
형성하여 지방자치의 온전한 조기 실시에 합의했다. 5공 청산과
민주화가 당시 정국의 주요 현안이었으며, 민주화 관련하여 지방
자치 실시가 중요한 사항이었다.

1989년 3월, 야 3당 총재회담에서 지방자치에 대한 공동 단일
안을 국회에서 통과시키기로 합의함에 따라 지방자치법 개정안
이 통과되었다. 그러나 노태우 정부는 이 법률안에 대하여 거부
권을 행사하면서 민주정의당 단독으로 강행 처리한 지방자치법
규정대로 1989년 4월 30일 이내 시·군·구 지방의회를 구성하
지 않았다. 노태우 군사정부는 결과적으로 지방자치법을 한 차례
위반하였다.

1989년 4월 야 3당 총재회담에서 노태우 대통령의 거부권 행사
에 대하여 비판이 제기되었으며, 1989년 10월 야 3당 총재회담에
서 공동 노력하여 정기국회에서 지방자치법을 통과시키기로 재
차 합의하고, 1989년 12월 청와대에서 4자 회담을 거쳐 1989년
12월 정기국회 폐회일 오전 4당 간에 극적인 대타협이 이루어져
국회에서 관계 법률안이 통과되어 공포되었다. 그러나 1990년 1
월 민주정의당·통일민주당·신민주공화당 3당은 합당하고서

지방자치 실시와 관련된 모든 합의를 파기하고 법률 규정을 준수하지 않았다.

이런 상황에서 김대중은 평화민주당 총재 자격으로 10월 8일부터 10월 20일까지 13일간 지방자치 실시를 요구하면서 목숨을 건 단식투쟁을 감행했다. 단식 중 당시 김영삼 민자당 대표최고위원이 병실을 찾아오자 김대중이 일갈했다.

"나와 김 대표가 민주화를 위해 싸웠는데 민주화란 게 무엇이오. 바로 의회정치와 지방자치가 핵심 아닙니까. 여당으로 가서 다수 의석을 가지고 있다고 해서 어찌 이를 외면하려 하시오."

여야 간 극한대치 상황에서 협상이 다시 이루어져 지방자치 실시에 관하여 1990년 12월 최종 합의에 도달하였다. 1991년 6월 30일 이내 기초 및 광역 지방의회 구성, 1992년 6월 30일 이내 기초 및 광역 지방자치단체장 선거 실시로 합의가 되었다. 이로써, 불완전하지만 지방자치가 30년 만에 다시 실시되었다.

그러나 정부 여당은 1992년 6월 30일 이내 실시하기로 되어 있던 자치단체장 선거를 처음부터 실시하지 않으려 하였다. 1992년 1월 10일 노태우 대통령은 단체장 선거를 일방적으로 연기한다고 발표하면서 이 문제를 제14대 총선에서 민의를 묻겠다고 하였다. 제14대 총선 결과 민자당은 유효투표 총수의

38.5%로 과반 의석을 얻지 못하였다. 그런데도 법 규정대로 지방자치단체장 선거를 실시하지 않아 노태우 대통령은 지방자치법을 세 번째 위반하였다.

지방자치단체장 선거 실시 문제로 김대중·김영삼·정주영 정당 대표 간에 협상이 전개되었으나 김영삼 민주자유당 대표의 반대로 합의가 이루어지지 않았다. 법으로 규정한 지방자치단체장 선거 실시가 이루어지지 않은 채 제14대 대통령 선거가 실시되었다.

김대중은 1995년 제1회 동시지방선거에서 민주당 후보자를 지원하기 위한 전국 순회 유세에서 지역등권론을 피력했다.

"우리는 그동안 TK 패권주의, PK 패권주의 속에서 살아왔습니다. 특정 지역이 모든 권한과 혜택을 독점하고, 나머지 지역은 소외받았습니다. 지역 간의 불균형과 파행이 나라 전체의 발전을 가로막아왔습니다. 하지만 이번 6·27지방선거를 계기로 바로 이러한 지역패권주의는 결정타를 입을 것입니다. 이번 선거로 패권주의가 아닌 등권주의, 수직적이 아닌 수평적으로 대등한 권리를 가진 지방화 시대가 열릴 것입니다."

1997년 제15대 대통령 선거에서 정부 수립 이후 최초로 정상적인 상황에서 여야 간에 정권 교체가 이루어졌다. 국민의 정부는 지방분권을 위한 제도적 장치를 마련했는데, 1999년 7월 29일 중앙 행정 권한의 지방 이양 촉진 등에 관한 법률을 제정하여 중앙 부처 관장 업무를 지방에 이양함으로써 자치기반을 확대하였다. 또 지역 차별의 희생자였던 김대중은 국정 운영에서 이를 시정하기 위하여 중앙정부의 시도 예산 배분에서 각 시도의 불만이 없도록 모든 시도 관계자가 참석한 가운데 처리하였다.

김대중은 자서전에서 지방자치가 실시됨으로써 변화된 지방에 대한 소회를 밝혔다.

"지자제 도입으로 우리 사회는 많이 변했다. 무엇보다 그 지역에 살고 있는 주민들이 그곳의 주인이 되었다. 풀뿌리 민주주의에 대한 자연스러운 실험은 주권의식을 고취했다. 중앙에서 일률적으로 부정선거를 획책할 수 없고 지방이 중앙의 눈치를 보지 않고 소신 있게 주민을 위한 행정을 펼칠 수 있게 되었다.

청도의 소싸움과 함평의 나비 축제 같은 지역 행사가 세계적인 명성을 얻으며, 주민의 소득 증대에 기여하는 것도 따지고 보면 지방자치 도입의 결과였다. 주민의 투표로 임기가 보장된 일꾼이 어디를 보고 일하겠는가. 당연히 주민들의 눈높이에 맞춰 지역을 살필 수밖에 없다."

지방자치가 실시되기 전에는 상상할 수 없었던 긍정적인 현상이 많이 나타나고 있으며, 지방자치제가 발전하고 있다. 그러나 아직도 자치사무가 절대 부족하고 지방재정이 취약한 상태에 처해 있는 등 개선할 부분이 많다. 자치경찰제가 하루속히 도입되어야 하고, 교육자치가 지방자치와 통합되어야 하며, 지방행정 체제 개편이 지방자치 역량을 획기적으로 강화하는 방향으로 이루어져야 한다.

기초 지방선거 정당 공천에 관한 제언

민주국가에서 정당이 선거 후보자를 내는 것은 매우 당연한 원칙이다. 그럼에도 불구하고, 기초 지방선거에서 정당 공천 폐지 문제는 쉽게 해결될 수 있는 문제가 아니다. 그래서 기초 지방선거의 정당 공천에 관한 최근의 논쟁과 해외 사례를 정리하고 합리적인 대안을 모색해보았다.

정당 공천과 관련된 논쟁은 기존 정치권의 반대 입장에도 불구하고 정당 공천 폐해를 극복하기 위하여 폐지 또는 새로운 대안의 모색이 필요하다는 논의가 많다. 실증적 조사에서도 정당공천제의 폐지에 많은 집단이 동의하고 있다.

그렇지만 정당 공천의 폐지에 따라 나타날 수 있는 부정적 파급효과가 여성 할당 문제다. 그래서 정당 공천의 폐지에 따라 나타날 수 있는 부정적 파급 효과를 고려하면서 몇 가지 대안을 제시한다.

그 대안은 참여 주체 확대, 정당 표방제 도입, 지방정당제 도입, 상향적 공천 절차 활용 등이다. 이 방안 중 참여 주체 확대 방안이 논리적으로 최적의 대안일 수 있겠지만, 대안의 확정은 사회적 합의 절차를 거쳐서 확정되어야 할 것이다. 정당 공천제도 또한 부정적인 면만 있는 게 아니라 긍정적인 면도 있으니 그 장단점을 우선 살펴보는 것도 필요하다.

우선, 정당 공천의 장점으로는 선거 과정뿐 아니라 지방자치 운영에서도 여러 가지 긍정적 효과를 가져온다는 것이다. 선거 과정에서 첫째, 지역 연고 중심의 기득권층 또는 토착세력을 배제하고 참신한 정치 신인의 진입이 가능하다. 둘째, 정당이 후보자를 추천함으로써 주민의 후보자 선택이 용이하다. 셋째, 여성 등 정치적 소수자의 정치적 대표성을 제고시키는 중요한 기제다.

또, 지방자치의 운영 과정에서 나타나는 장점은 첫째, 지방자치는 가치배분을 결정하는 지방정치라는 규범적 속성과 지역개발과 주민복지 등의 능동적인 정책 집행의 관점에서 정치적 영향 과정은 필수적이다. 둘째, 정당은 주민 여론을 수렴하는 데 용이한 조직 운영을 기대할 수 있고, 정당의 책임정치를 기대할 수 있다. 게다가 정당을 매개로 중앙과 지방 사이의 원활한 협력과 조정을 도모할 수 있다.

그럼에도 불구하고, 기초 지방선거의 정당 공천은 여러 가지 부작용도 초래하고 있다. 그런 부작용은 지방자치의 특성과의 부조화뿐 아니라 현실적인 폐해로도 나타나고 있다.

첫째, 지방자치가 지역발전과 주민복리 증진에 근본적인 목적을 두고 있기에 정치적 요소보다는 행정적 요소가 우선 고려되는 특성이 있다.

둘째, 지방의 문제가 지방적 관점에서 접근되지 못하고 전국적인 이해관계에 따라 영향을 받게 됨으로써 중앙정치에 예속될 가능성이 높다.

셋째, 정당 공천이 정당을 매개로 부정부패를 확산하는 통로로 작용하고 공천 비리를 양산할 가능성이 높다.

넷째, 지역정치의 특정 정당 독점으로 지자체 내부에서 견제와 균형의 원칙이 작동하지 못하게 된다. 기초 지방선거에서 정당 공천의 부작용은 앞에서 말한 정당 공천의 단점과 그 궤를 같이 한다.

즉, 공천 과정과 공직 활동 및 지방자치와 인과 관계를 가지며, 각각의 분야에 문제점을 초래하고 있다. 우선, 공천 과정과 관련된 문제는 매우 다양하다. 공천 비리와 사실상의 사천, 우수인재의 진입 곤란, 공천 불복 등이 그러한 사례들이다. 공천을 받기 위해 특정 정당과 정치인에게 거액의 공천 헌금을 제공하다 사법 처리되는 사례가 빈발하였고, 특히 공천이 곧 당선으로 연결되는 영호남 지역은 공천 비리가 더욱 심하다는 것이다.

또, 각 정당의 공천 폐단을 시정하기 위한 상향식 공천제도로의 개선에도 불구하고 현실적으로 국회의원의 개인적인 영향력으로 후보자를 결정하는 것이 압도적인 실정이다. 정당 공천의 장점으로 평가되는 우수인재의 유입도 현재의 정당 공천제에서는 현실적으로 용이하지 않고, 오히려 향후 국회의원의 잠재적 경쟁자로 간주되어 배제되는 현상이 비일비재하다. 정당 공천이 투명하고 공정하지 못하다는 인식은 다수의 공천 탈락자들의 불복을 초래하여 정당의 내부 갈등뿐 아니라 무소속 출마 강행으로 이어지는 사례도 적지 않다.

다음으로, 정당 공천에 따른 공직 활동의 문제도 적지 않다. 이러한 문제점으로는 정당 간 대립과 국회의원과의 관계로 압축하여 살펴볼 수 있다. 정당간의 관계에서는 단체장과 지방의회 다수당이 다를 경우 집행부에서 추진하는 정당한 사업에 대해서도 정당 차이만을 이유로 지방의회 다수당이 반대를 하고, 지방의회 내에서도 여야 정당 의원들 간의 갈등으로 정책 결정이 지연되는 사례가 빈발하고 있다. 국회의원과의 관계에서는 앞서 언급한 사천의 특성으로 인해 국회의원의 지역행사를 적극적으로 지원함으로써 지역 주민의 대표라기보다는 국회의원의 보좌 역할이 우선되고 있다는 점이다.

이런 정당 공천에 따른 지방자치의 왜곡은 정당 공천의 폐지를 주장하는 주요 논거의 하나이기도 하다. 가장 우려되는 지방자치의 문제는 역시 중앙정치의 예속으로 지방자치가 실종되는 현상이 발생되고 있다는 점이다. 지방선거에서 제기되는 쟁점들이 지역별 현안이기보다는 중앙당에서 채택한 전국적인 이슈에 초점이 주어지고, 당선자인 기초단체장 및 기초의원 역시 지방자치단체 운영에서 지역 주민의 의견에 주목하기보다는 다음 선거의 공천을 의식하여 사실상의 공천권자인 국회의원의 눈치 보기에 급급하다는 것이다. 이런 현상은 지방자치의 기본 원리인 자율성보다는 중앙 정당 또는 국회의원에 대한 의존성만 강화하는 결과를 초래한다.

자치 선진국인 미국, 일본, 영국 등의 기초 지방선거 정당공천제를 제도적인 면에서 정리해볼 필요가 있다. 이들은 책임정치를 실현하기 위해 경쟁이 존재하는 정당 정치를 중시하고 있으며, 지방선거에서도 대부분 정당의 개입을 제도적으로 허용하고 있다. 다만, 지방선거에서의 정당 공천제는 나라마다 다소 다르게 운영되고 있으며, 한 국가 내에서도 지방마다 자율성을 허용하는 사례도 있다.

우선, 미국의 지방 선거법을 보면, 각 주마다 다르게 구성되어 있어서 정당공천제의 허용과 배제는 각 주의 관할 기초 지방선거 정당 공천 개선 방안 사항이며, 최근 들어 지방선거에서 정당 공천제를 배제하는 주가 늘고 있는 추세다.

이에 비하여 유럽 국가들과 일본은 제도적으로 지방선거에서 정당 공천을 허용하고 있다. 실제 선거에서는 정당 추천을 받지 않는 무소속의 당선 비율이 높아지고 있어서 정당 공천이 사실상 유명무실한 제도가 되고 있으며, 이런 경향은 일본의 기초 지방선거가 한층 증가 추세를 보이고 있다.

이처럼 선진국에서 정당 공천제가 유명무실함에 불구하고 폐지하지 않는 이유는 정당 정치의 취지를 살리려는 데 있다. 지방선거에서 정당 공천제가 허용되지만, 각 지방은 자율적으로 선거를 치를 수 있고, 정당 내부 경선 절차의 민주성과 공정성도 보장된다. 따라서 정당 공천제 허용은 실제적으로 중앙당이 지방선거에 개입하기 위한 것이 아니라 책임정치의 실현 등 정당 정치의 긍정적인 면을 살리기 위한 것으로 보인다.

선진국에서 갈수록 무소속 후보가 대거 당선되는 추세는 유권자들이 지방자치단체를 구성하는 지방선거에 중앙정치의 여파가 미치는 것을 원치 않는다고 해석될 수 있으며, 후보자는 지방자치와 지역의 대표자 역할을 주시하여 지방선거에 출마한다는 인식이 강하게 작용한 것으로 볼 수 있다.

즉, 유권자와 후보자 모두 지방선거의 취지를 제대로 인식하고 있다고 볼 수 있다. 따라서 지방선거에서는 정당의 공천을 받은 정치인보다 지방행정과 정치를 책임질 유능한 일꾼이 필요하다고 생각하여 정당 공천이라는 제도에 구애받지 않은 채 다양하고 합리적인 선택이 이루어진 결과라고 할 수 있다. 즉, 정당 공천의 허용이냐 배제냐 하는 제도도 중요하지만, 실제적인 운영이 지방선거 결과에 미치는 영향이 더 크다는 것을 알 수 있다.

기초 지방선거의 정당 공천 개선 대안으로 정당 공천의 보완 또는 폐지를 선택하기 위한 가장 우선적인 기준은 문제 해결을 위한 투입 요소로서의 국민의 요구 또는 지지이다. 즉, 현행 기초 지방선거의 정당 공천에 따른 문제의 해결과 그 대안으로 국민이 요구하거나 지지하는 구체적 내용이 무엇이냐 하는 것이다. 기초 지방선거의 정당 공천의 개선책 선택에 관한 투입 요소로서의 국민적 요구 또는 지지는 그동안 실시되어 온 각종 여론조사를 통해서 살펴 볼 수 있다.

2005년 이후 기초 지방선거의 정당 공천에 대한 여론조사는 각종 기관에서 실시되어왔고, 최근에도 다양한 기관에서 실시하고 있다. 여론조사 결과에서 나타나는 국민의 지지는 조사 시기와 관계없이 대체적으로 기초 지방선거에서 정당 공천을 폐지하는 것을 선호하고 있다. 폐지가 바람직하다는 의견이 70% 이상으로 절대적인 지지를 받고 있다. 여론조사만 놓고 보면, 기초 지방선거의 정당 공천 폐지에 관한 투입 요소로서의 국민의 지지는 매우 확고한 것으로 보인다.

기초 지방선거의 정당 공천에 대한 이런 부정적인 결과는 대체로 현재 우리나라 정당 정치의 수준에 근거하고 있다. 우리나라 정당들은 역사와 전통을 결여하여 선거 때만 되면 이합집산을 반복하여 신뢰할 만한 정강이나 정책을 구비하고 있지 못하다. 또, 정당의 당원은 자발적이라기보다는 동원되는 경향이 높아 진성당원이 적고 그 결과로 정당의 민주화가 정착되지 못하는 실정이다.

이와 같은 문제를 해소하기 위한 대안으로, 정당 공천에 대한 보완은 주로 정당의 민주화와 상향식 공천제 등을 제시하고 있다. 하지만 단기간에 정당 정치의 민주화를 달성하기 어렵다는 문제가 남는다. 이에 비하여 정당 공천 폐지는 정책이 결정되는 시점부터 정당의 개입이 차단되므로 비민주적 정당 정치에 의해 발생되는 문제들이 단기간에 해소되는 것이다. 따라서 정당 공천에 따른 문제를 해결하기 위한 대안별 정책 내용의 적실성은 정당 공천의 보완보다는 폐지에 힘이 실린다.

다만, 우리나라 정당 정치의 수준이 개선될 경우에는 정당 공천을 허용하는 대안으로 대체되는 것을 기본 원칙으로 삼을 수 있다. 정당 공천을 유지하되, 대안은 다음 몇 가지로 요약된다.

첫째, 지방정당을 제도화하는 방안이다.

지방정당은 전국 규모의 정당과 비교해서 지방의 문제에 대해 구체적이고 심도 있는 문제 제기와 타당성 있는 대안 제시가 가능하고, 중앙정치의 지방행정에 대한 부당한 개입을 최소화함과 동시에 주민의사의 효과적인 수렴과 반영이 가능하여 지방자치제의 본래적 가치를 실현할 수 있는 효과적 방안이다. 지방정당의 도입을 위해서는 현행 정당법상의 분산조항제17조을 지방정당의 경우에 적용을 제외하고, 정당의 국고보조금이 지방정당에도 배분될 수 있도록 정치자금법 등 관련 법률의 개정이 선행되어야 한다.

둘째, 지방선거에 대한 참여 주체를 확대하는 방안이다.

지방선거의 경우에는 기존의 정당을 대신하여 후보자 공천 및 선거운동에 참여할 수 있는 단체를 되도록 폭넓게 허용하는 방안을 고려할 수 있다.

예를 들면, 시민단체나 유권자단체 등 비영리법인에 대해서도 공직후보자를 공천할 수 있도록 자격을 부여하는 것이다. 다만, 영리단체와 공공단체에 대해서는 금권선거의 방지 및 선거의 중립성 확보를 위해 허용 범위에서 제외하는 것이 바람직하다. 이처럼 지방선거에서 참여 주체를 확대하는 것은 지방 차원에서의 다원적 의사 형성을 가능하게 할 수 있는 한편, 정당의 부재에 따른 후보자 난립의 위험성을 어느 정도 해소할 수 있는 효과를 확보할 수 있다.

셋째, 정당 표방을 허용하는 방안이다.

후보자가 특정 정당 또는 그 정당의 정책 등을 지지하거나 정당에 의해 지지되고 있음을 임의로 표시하는 것이다. 정당이 후보자를 지지하기보다는 후보자가 지지 정당을 표방하는 것이므로, 한 정당을 지지하는 복수의 후보자가 등장할 수도 있다. 다만, 정당 표방에 의해 무소속 후보자가 사실상 정당의 영향력 하에 있게 되어 자칫 정당 공천제 폐지의 효과를 무의미하게 할 우려도 있으므로 정당 표방과 관련된 금품, 공사의 직 등 대가 수수를 금지하는 규정을 공직선거법에 신설하는 등의 보완책 마련이 필요하다.

넷째, 상향적 공천 절차를 활용하는 방안이다.

기존 정당에서의 국민참여 경선 또는 오픈 프라이머리와 같이 일반 국민의 의사를 반영하는 후보 선출 방식을 도입하는 등 자체적인 제도 개선을 시도하고 있으나, 개선 주체가 중앙정치인 만큼 중앙의 정치 논리와 복잡한 정치적 이해관계가 개입될 수밖에 없다는 점에서 한계가 있다.

따라서 정당 내부적인 개선과는 별도로 지역 주민의 의사를 상향적으로 결집하여 지방선거의 후보자를 정당의 매개 없이 자주적으로 제안할 수 있는 방안 모색이 필요하다. 예를 들면, 선거일 이전에 무소속 예비후보 간에 경선을 실시하는 등 주민의 능동적이고 상향적인 참여 가능성을 확대하는 것도 검토할 필요가 있다.

당신이 생각한 마음까지도 담아 내겠습니다!!

책은 특별한 사람만이 쓰고 만들어 내는 것이 아닙니다.
원하는 책은 기획에서 원고 작성, 편집은 물론,
표지 디자인까지 전문가의 손길을 거쳐
완벽하게 만들어 드립니다.
마음 가득 책 한 권 만드는 일이 꿈이었다면
그 꿈에 과감히 도전하십시오!

업무에 필요한 성공적인 비즈니스뿐만 아니라 성공적인 사업을 하기 위한
자기계발, 동기부여, 자서전적인 책까지도 함께 기획하여 만들어 드립니다.
함께 길을 만들어 성공적인 삶을 한 걸음 앞당기십시오!

도서출판 모아북스에서는 책 만드는 일에 대한 고민을 해결해 드립니다!

모아북스에서 책을 만들면 아주 좋은 점이란?

1. 전국 서점과 인터넷 서점을 동시에 직거래하기 때문에 책이 출간되자마자 온라인, 오프라인 상에 책이 동시에 배포되며 수십 년 노하우를 지닌 전문적인 영업마케팅 담당자에 의해 판매부수가 늘고 책이 판매되는 만큼의 저자에게 인세를 지급해 드립니다.

2. 책을 만드는 전문 출판사로 한 권의 책을 만들어도 부끄럽지 않게 최선을 다하며 전국 서점에 베스트셀러, 스테디셀러로 꾸준히 자리하는 책이 많은 출판사로 널리 알려져 있으며, 분야별 전문적인 시스템을 갖추고 있기 때문에 원하는 시간에 원하는 책을 한 치의 오차 없이 만들어 드립니다.

기업홍보용 도서, 개인회고록, 자서전, 정치에세이, 경제 · 경영 · 인문 · 건강도서

모아북스 MOABOOKS 문의 0505-627-9784

지방 자치가 미래다

초판 1쇄 인쇄	2022년 01월 28일
1쇄 발행	2022년 02월 04일

지은이	신언근
발행인	이용길
발행처	**모아북스** MOABOOKS

관리	양성인
디자인	이룸

출판등록번호	제 10-1857호
등록일자	1999. 11. 15
등록된 곳	경기도 고양시 일산동구 호수로(백석동) 358-25 동문타워 2차 519호
대표 전화	0505-627-9784
팩스	031-902-5236
홈페이지	www.moabooks.com
이메일	moabooks@hanmail.net
ISBN	979-11-5849-161-1 13350